U0520962

自驱力

优衣库经营者实战笔记

【日】宇佐美润祐 _著

杨光 _译

中国友谊出版公司

图书在版编目（CIP）数据

自驱力：优衣库经营者实战笔记/（日）宇佐美润祐著；杨光译. -- 北京：中国友谊出版公司,2021.10
ISBN 978-7-5057-5340-2

Ⅰ.①自… Ⅱ.①宇… ②杨… Ⅲ.①服装企业－工业企业管理－经验－日本 Ⅳ.① F431.368

中国版本图书馆 CIP 数据核字（2021）第 188749 号

著作权合同登记号　图字：01-2021-7250

LEAD THE JIBUN by Junsuke Usami
Copyright © 2020 Junsuke Usami
All rights reserved.
Original Japanese edition published by TOYO KEIZAI INC.
Simplified Chinese translation copyright © 2021 by Beijing Xiron Culture Group Co., Ltd.
This Simplified Chinese edition published by arrangement with TOYO KEIZAI INC., Tokyo,through Bardon-Chinese Media Agency, Taipei.

书名	自驱力：优衣库经营者实战笔记
作者	［日］宇佐美润祐
译者	杨　光
出版	中国友谊出版公司
发行	中国友谊出版公司
经销	新华书店
印刷	三河市冀华印务有限公司
规格	700×980 毫米　16 开 12.25 印张　135 千字
版次	2021 年 12 月第 1 版
印次	2021 年 12 月第 1 次印刷
书号	ISBN 978-7-5057-5340-2
定价	52.00 元
地址	北京市朝阳区西坝河南里 17 号楼
邮编	100028
电话	（010）64678009

如发现图书质量问题，可联系调换。质量投诉电话：010-82069336

目 录

前 言

领导自我的概念 _001
从自己到伙伴，再到团队 _003
企业再创辉煌的关键 _004
幸福指数 _006
我的故事 _008

第一章 直面问题

这样下去，日本企业就惨了 _012
平成时代 30 年的企业发展 _012

两个本质问题 _014
领导力：构思"企业愿景"并抓住问题的能力 _014
员工自律性 _016

第二章 领导自我方程式

领导自我的构思背景 _026
战略的质量和成果悖论 _026
单靠事实和逻辑无法得到结果 _028

邂逅"领导自我"思维方式 _030
成为波士顿咨询的合伙人 _030
人生导师野田智义先生的发问 _031

领导自我的原型 _032
40 岁前拥有坐享其成、结果尚可的人生 _033
专注于跳高的 15 年间学到的东西 _037
塞翁失马,焉知非福 _039
回顾 40 岁前的人生所获得的启示 _040

践行领导自我 _041
加入波士顿咨询公司 _041
成为迅销集团(优衣库)的人才培养机构负责人 _042
加入埃森哲咨询公司 _043
领导自我训练营 _044
再次领导自我:尝试创业 _047

领导自我方程式 _048
自我事业化 _049
创造"羁绊" _049
自我事业化和创造"羁绊"的三种方法 _050
人生曲线 _050
绘景 _059
自我渴望 _062

第三章　优衣库人才培养体系

全球第二大国际品牌 _068

改变服装、改变常识、改变世界
　　——在成熟的服装行业掀起产业革命 _069

优衣库的革新轨迹 _070
服务理念的革新：自助 _070
商业模式的革新：SPA 模式 _073
产品的革新：摇粒绒的诞生 _074
店铺的革新：SOHO 全球旗舰店 _075
"客户发掘"的革新：中国业务 _076
业态的革新：极优（GU）的诞生 _079
店铺经营模式的革新：极致的门店经营 _081
数字化革新：黎明计划 _082
品牌概念的革新：从"造服于人"到"服适人生" _085

革新的根源在于领导自我 _087
优衣库对"经营者"的定义 _087
分形组织 _088
《经营者养成笔记》_090
推荐"百读"的内容 _091
经营者是取得成果的人 _092
经营者必须具备的四种能力 _093

培养前所未有的优秀的自己 _095
不变则亡 _095

我都做了哪些事 _098
树立高远的志向 _098
穿宽大的衣服：通过试炼来蜕变 _101
解除自身的束缚 _106
持续磨炼自己 _108
防波堤：柳井正先生的训斥 _109

培养伙伴 _111
全心全意、全身心 _111
点燃心中的火焰 _112
"教育＝实践" _117

打造最强的团队 _119
比任何人都想赢 _120
人人都是主角，全员经营实践 _122
接班人计划 _125

在优衣库担任人才培养机构负责人的岁月 _129
以《经营者养成笔记》为支柱 _130
《成为宇佐美润祐的必读笔记》 _130
给柳井正先生和优衣库全体员工的一封情书 _131

第四章　改变自我，改变组织

10 条要诀 _134

改变自我的四个实践方法 _135
制订改变自我的计划 _135
使僵化的思维积极起来 _147
摆脱"窝里横" _153
即使遭遇失败，也要坚持下去 _156

改变组织的四个小贴士 _157
以可燃性人才为目标——2∶6∶2 法则 _157
打破"同床异梦"和"一枕黄粱" _160
凭借"三位一体"选拔人才 _161
营造允许失败者复活的挑战性环境 _165

第五章　职场人生的前景已一览无遗

日本人年纪越大越感到不幸的理由 _170
以利他之心为判断基准 _171
你在为社区做贡献吗？ _175

40 岁得考虑职场人生的前景 _175
40 岁是个转折点 _175
人到 40 岁应有自己的志向 _179
归结于改变自我的计划 _180
领导自我任何时候都不算晚 _184

结语 _187

前言

领导自我的概念

"领导自我"是野田智义先生提出的概念。野田智义先生是日本 ISL 企业战略研究中心理事长,为日本领导力教育领域带来了巨大变革。

我 40 岁时成为波士顿咨询公司的合伙人,在参加领导力研修时,与野田智义先生"领导自我"的概念不期而遇,顿时醍醐灌顶。我这才觉察到以往并没有明确自己到底想要实现怎样的志向,而是羁绊于眼前的琐事。而领导力的源泉恰恰在于弄清自己究竟想实现怎样的价值,即领导自我(志向)。成功领导自我之后,可进一步与周围的人产生共鸣,将之转化为领导团队的能力,再进一步发展为能带给世界巨大影响的领导社会的能力。

据说,特蕾莎修女在 1946 年年满 36 岁时,曾去避暑胜地大吉岭度假。坐在汽车上时,她忽然得到上天的启示："舍弃所有，与最贫穷的人一同劳作。"而松下幸之助先生在1932年38岁时，也以参观某宗教团体为契机而"知命"，顿悟出自来水哲学。这两个故事都为人们津津乐道。而野田智义先生"领导自我"的概念，给我带来的冲击如同天启，虽然他老责备我，让我不要将两者混为一谈。

回到这本书，它以带给我人生重大转机的"领导自我"概念为起点，同时兼有我在波士顿咨询公司担任组织实践负责人、在迅销集团（优衣库）担任人才培养机构FRMIC（快速零售管理创新中心）负责人、在埃森哲咨询公司担任人才和组织变革实践日方总负责人等职务所积累的经验，堪称不断试错、不断历练后得出的技巧和方法。

"培养前所未有的优秀的自己、培养伙伴、打造最强的团队"指的就是一种以提高自己并使周围的伙伴和团队共同提高为目的的人员、组织变革方法。我认为，这句话正是人们想在商界取得优异成绩的基础，也是拥有充实丰富、死而无憾的美好人生的根基。

从自己到伙伴，再到团队

"领导自我"的出发点，在于深度反省和洞察自己究竟想做什么，将"志向"实体化。在此基础上进行"自我事业化"——把个人的"志向"与公司的"愿景"同步，为自己的工作内容赋予相应的意义。当成功完成"自我事业化"后，你就不会只听命于别人，而将**蜕变为基于自身想法去行动的"自驱型人才"**。在不断**自律**、**自主**的过程中，你就能**持续蜕变为前所未有的优秀的自己**。

除此之外，你还需要和同伴们分享"志向"并产生共鸣，从而形成拥有"共同志向"的团队；通过在团队中的切磋和历练，完成"培养伙伴"的目标。由于人们在分享彼此难以启齿的事情时更容易形成强有力的心灵纽带，所以在"培养伙伴"的过程中，可以互相分享彼此在平常喝酒时都难以启齿的青涩"志向"，从而创造强大的团队合力。

团队合力形成之后，再升华出团队"志向"，这样方能创建出"最强团队"：配合默契、随机应变，而且在进攻上全员参与、多点开花，最终在这个实力难分伯仲、结果难以预测的时代杀出一条血路。

企业再创辉煌的关键

读到这里，或许有人仍有这样的疑问："我知道'领导自我'讲的是什么，可是一个人清楚自己的'志向'，不是理所当然的事情吗？"这句话说起来容易，但在现实中并没有那么理所当然。各位不妨问问身边的人："你的志向到底是什么？"能够准确回答出来的有几个人呢？你自己能回答出来吗？

在日本固有的雇佣惯例和人事制度的背景下，员工个人和公司存在着特殊的相互依存关系（详细论述见后文），"**公司为主，员工个人为从**"，**导致员工个人的"志向"无足轻重，这就是日本企业特别是日本传统大型企业的现状。**

另外，大家之前一直认为日本人对公司有很强的忠诚度和留恋，其实并非如此。2011年至2012年，盖洛普咨询公司对全球142个国家的20万人进行了旨在测评公司和员工关联性的"员工敬业度"调查，结果显示：日本员工中回答"工作很投入（感受到强关联性）"的仅有7%，在所有参与调查的发达国家中是最低的，与美国(30%)、澳大利亚（24%）、英国（17%）、德国（15%）相比，低得不是一星半点。我看到这样的数据时，受到了很大打击。不过，这也是一个彻彻底底重新审视日本企业和员工关系的好时机，继续安于现状的话就糟了。

对欧美企业而言（中国、印度的企业情况也近似），公司与员工关联性的基本框架是"员工个人为主，公司为从"，员工以自己想做的事情为基础来筹划事业和人生，这才是理所当然的世界惯例。

但是话说回来，欧美企业（包括一些中国和印度企业）存在陷入过度个人主义陷阱的风险，对他们而言，**团队能力小于或等于员工个人能力的总和**。而日本企业相对更注重公司和团队，故可通过领导自我使员工成为"自驱型人才"，在此基础上形成欧美企业无法企及的强大团队合力，一旦做到**团队能力大于员工个人能力的总和**，就可助力日本企业在全球化竞争中占据明显优势。

如前文所述，领导自我对日本员工而言，就是借助"自我事业化"摆脱日本固有传统观念的束缚，在蜕变成"自驱型人才"的同时，进一步锻炼并发挥团队优势，从而凭借"培养前所未有的优秀的自己、培养伙伴、打造最强的团队"来形成竞争优势。我相信，这就是让在全球化竞争中落于人后的日本企业再一次闪耀全球的关键所在。

幸福指数

写作本书的另一个缘由，是我很想找个机会为日本四五十岁的同龄人呐喊助威。在和某位大学同届的友人喝酒时，曾听到他发过这样的牢骚："入职以后，我拼了命地为自己的职场人生奔波。其间虽然挺享受工作，也取得了一些成果，对职场人生也有一定的满足感，但是年近45岁时仍无法晋升到管理层。自此，心里就一直有一个疙瘩，就像有事情没做完的感觉。我还有数十年的职场人生啊，很想'柳暗花明又一村'，但是总会怀疑自己离开公司就没有什么价值了。而且说实话，我也不清楚自己究竟想做什么。我可不想从公司辞职后，被当作大件垃圾来对待啊。"

越是为公司奋不顾身工作的企业战士，就越容易产生这样的困惑吧？我想说的是，即使是四五十岁、已迈入职场人生后半场的人，仍可以通过"领导自我"再次发掘人生的目的和意义，这也是我写这本书的初衷。

下面我将展示一组曲线，用来比较欧美企业员工和日本企业员工的幸福指数。这组数据对比的结果，可谓展示了"日本企业员工的悲惨现实"。欧美企业员工的幸福感在35~40岁触底，之后不断攀升；与之相对，日本企业员工的悲惨现实是：幸福感不断下滑，直到60岁后稳定在低位（图0-1）。

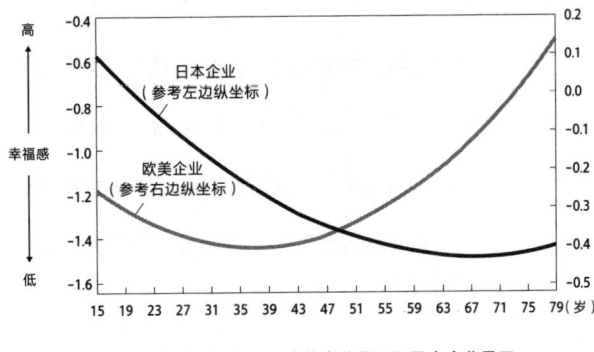

图0-1 悲惨的现实——欧美企业员工和日本企业员工在不同年龄段的幸福感对比

为了方便用图表的形式比较数据，我将表示日本企业员工幸福感的纵坐标放在了左边，而将表示欧美企业员工幸福感的纵坐标放在了右边。需要留意的是，日本企业员工在幸福感绝对值方面也远远低于欧美企业员工。

另外，在联合国整理统计的2019年版世界幸福感排名中，第一名是芬兰，而日本只排在第58名，比前一年的第54名又下滑了4名。此种窘况不由得引发了我的思考：解决日本企业员工幸福感问题的关键，在于能否将这样一条悲伤的幸福曲线向右平移。

欧美企业的理念是：年纪越大，纷争越少；

年纪越大，越能拿出更好的办法来解决争端；心态平和，就能够控制自己的情绪；当死亡迫近时，可以不再为人生的长期目标而烦恼，好好享受当下的生活即可。

反之，日本由于都市化、人口稀少化、小家庭化、少子化等现象的影响，社会性的孤独感在年年加剧。同时，从公司退职后，更鲜有机会让自己"得到人们的承认"，因此幸福感曲线接近于"L"形。对于那些未能明确自己"后职场人生"的目标和愿景，并且未能从职场人生中蜕变的人而言，悲惨的"L"形人生正等待着他们。

和我的友人相仿，很多四五十岁的人长期受到公司氛围的熏陶，或许会认为到了这个年纪想干点别的事情为时已晚。然而，我一直坚信：人生中并不存在"为时已晚或为时尚早"。

我的故事

我在 40 岁时，受到野田智义先生的当头棒喝，后来通过领导自我将志向聚焦于人才变革领域，之后在波士顿咨询、迅销、埃森哲等公司一直致力于人才和组织变革的工作。

到了 57 岁时，我又再次领导自我，既想将自己的精力聚焦于抱负，又想摆脱组织的束缚，于是毅然决定创业。一位 57 岁的大叔就此踏上了未知的旅程——实现理想的旅程。

写本书的目的也在于帮助读者去实践领导自我：培养前所未有的优秀的自己、培养伙伴、打造最强的团队，进而取得丰硕的成果。同时，我也想尽量为那些四五十岁四处碰壁的人提供一些人生线索，好让他们早日踏上柳暗花明又一村的新征程。此外，我由衷地希望已明显落于人后的日本企业借助对领导自我的实践，提升对复杂营商环境的适应能力，进而再次闪耀在世界舞台上。

据说，浅田次郎先生是为了写《苍穹之昴》才成为小说家的，而我在 57 岁创业，有一半的理由是为了摆脱组织的束缚，所以才倾注心力写出这本书（说得太夸张了，实在抱歉）。

点燃众多长期受公司氛围熏陶而故步自封的年轻人、中年人心中的火焰，促使他们通过具体行动实践"领导自我"，以取得飞跃性的成果，即便离开组织也能持续为社会做贡献，从而推动日本企业员工的幸福曲线向右移——本书若能在这些方面尽一点绵薄之力，对我而言就已经是意外之喜了。

第一章
直面问题

这样下去，日本企业就惨了

平成时代 30 年的企业发展

我在战略咨询界已经打拼 20 多年，其间痛心疾首地感受到日本企业这样下去就真的糟了。

哪里糟了呢？从 VUCA 环境［易变性（volatility）、不确定性（uncertainty）、复杂性（complexity）、模糊性（ambiguity）的缩写］[1]的角度讲，当行业环境中难以预测的干扰因素找上门来时，日本企业的应对能力远远达不到全球化竞争的标准。如今，我们已告别平成时代（1989—2019 年）进入令和时代，当试着回顾平成时代这 30 年日本企业全球市值总额的变化时，你一定也会惊愕万分（图 1-1）。

1989 年全球 TOP10 的企业中有 7 家是日本企业，TOP50 中有 32 家是日本企业。

---

[1] 最初是军事用语，后在 20 世纪 90 年代开始被普遍使用，描述新的商业世界格局。

全球市值总额排行（1989年）			
排名	企业名称	市值总额（亿美元）	国别
1	日本电报电话公司	1,638.60	日本
2	日本兴业银行	715.90	日本
3	三井住友银行	695.90	日本
4	日本富士银行	670.80	日本
5	第一劝业银行	660.90	日本
6	IBM	646.50	美国
7	三菱银行	592.70	日本
8	埃克森美孚公司	549.20	美国
9	东京电力公司	544.60	日本
10	荷兰皇家壳牌石油公司	543.60	美国

资料来源：美国《商业周刊》杂志，1989年7月17日，"全球企业1000"

全球市值总额排行（2018年）			
排名	企业名称	市值总额（亿美元）	国别
1	苹果公司	9,409.5	美国
2	亚马逊公司	8,800.6	美国
3	Alphabet	8,336.6	美国
4	微软公司	8,158.4	美国
5	脸书（Facebook）	6,092.5	美国
6	伯克希尔·哈撒韦公司	4,925.0	美国
7	阿里巴巴集团控股有限公司	4,795.8	中国
8	腾讯科技（深圳）有限公司	4,557.3	中国
9	摩根大通集团	3,740.0	美国
10	埃克森美孚公司	3,446.5	美国

注：统计时间为2018年7月20日，由《钻石周刊》编辑部基于各类数据制作而成。
资料来源：《钻石周刊》2018年8月25日

图1-1 1989年和2018年时的企业全球市值总额排行TOP10

随着步入"日本第一"[①] **的时代**，日本企业受尽赞誉。以日本电报电话公司为首，排行榜中一连串的银行、电力和电机制造商都是日本企业。

到了2018年，全球企业TOP10中已没有日本企业，能进TOP50的也只有丰田汽车公司一家了。

全球排行顶尖的企业是以苹果公司、亚马逊公司、谷歌公司和脸书为代表的美国企业群，以及以阿里巴巴、腾讯、百度和华为为代表的中国新兴企业群。当然，说到1989年的盛况时，我们应该清晰地认识到：那时是因为受到股票泡沫、房地产泡沫和日元升值三大因素相互叠加的

---

① 由美国学者傅高义提出。它实际上并不是表明日本已成为世界第一经济大国，而是指日本企业的生产力达到世界第一。

影响，日本企业的市值总额才会如坐了火箭一般在短时间内达到一个极值。以上就是对比平成时代开头和结尾后所得出的严肃的结论。

尽管形势如此严峻，由于当前业绩尚可，实现了利润的稳步增长，日本企业仍未感受到巨大的危机即将到来。平成时代的30年间，一直保持着在固有业绩基础上持续递增的后视镜型经营模式，日本企业已经在世界性的价值创造竞争中居于人后了。进入令和时代后，如果这种后视镜型经营模式不改变，日本企业和世界顶尖企业之间的差距将会越拉越大，所以我认为，是时候直面日本企业生死存亡的现状了。

两个本质问题

从应对VUCA的角度来讲，日本企业有两大问题亟待解决：领导力问题和员工个人问题。

领导力：构思"企业愿景"并抓住问题的能力

后视镜型经营模式的局限

VUCA代表难以预测的商业环境，此种复杂环境会使**以往的经验无价值化**。尽管如此，仍有很多日本企业在面对VUCA时脱离不了这种模式：试图从事实和逻辑出发，对以往的数据和事例（包括顾客、竞争、经营等方面）进行彻彻底底的分析，导出所谓的"正解"。

未来志向型经营模式

今后,企业的发展模式应是未来志向型经营模式,即用构思出的未来的"企业愿景"减去现状所得到的结果,重新定义当下企业的本质问题("企业愿景－现状＝本质问题")。处在 VUCA 环境下,企业愿景将具有更加重要的意义。就算再怎么不安,再怎么看不清前路,只要对每一个员工而言,企业愿景有意义且能够让他们产生共鸣,那么他们就会有勇气踏入未知的沼泽。

定义了"企业愿景"方可看清本质问题

另外,在构想企业愿景时,必须给出具体的定义,否则很可能看不清应该解决的本质问题。我们需要关注的,并不是现状延长线上的问题(现状推动型问题),只有解决了在企业愿景中做减法得到的本质问题,也就是未来拉动型问题,对企业才有意义。

现实中的许多日本企业都呈现出这种状况:在未能具体定义企业愿景的状态下,孜孜不倦地用事实和逻辑解决现状延长线上的问题,费尽心思去思考哪个才是最优解。这种做法并不能取得显著成果,也无法提升企业价值,原因在于他们没能抓住应该解决的本质问题。

领导力问题

日本企业面临的领导力问题如图 1-2 所示。构思企业愿景时,要以企业和组织的领导者想要实现的志向为起点,而且企业愿景必须能让员工产生共鸣,为每个员工的日常工作赋予意义,同时鼓舞员工的士气,提升他们的工作动力。

打造强大的组织和团队正是以构思出这样的企业愿景为领导力的原点。之后,团队中产生的强大领导力旋涡,将进一步吸引那些有共鸣的人加入，从而改变社会，并创造巨大的社会价值。许多社会调查结果显示：对于在2000年成人或进入社会的千禧一代而言，他们选择就职公司的标准和驱动力，在于这家公司给世界带来了哪些美好的事物。因此，随着千禧一代的上班族越来越多，企业愿景将具有更为重要的意义。

以前
后视镜型经营模式
- 需解决的问题很明确
- 常用的做法是借助事实和逻辑，彻底分析过往的数据和事例来导出"正解"

VUCA的本质：过去经验的无价值化

今后
未来志向型经营模式
- 即使看不清前面的路，也要用心构思企业愿景
  （以日本职场中所缺少的领导者"志向"为起点）
- 抓住本质问题："企业愿景－现状=本质问题"
  （把注意力集中在现状推动型问题上，只会堆起一座"垃圾工作"小山）

图1-2　领导力问题——构思企业愿景的能力和抓住问题的能力

如前文所述，作为日本ISL企业战略研究中心的理事长，野田智义先生将领导力的本质归结为：领导自我→领导团队→领导社会。

员工自律性

像生命体一样适应环境变化

为了机动灵活地应对VUCA环境，企业要成为像生命体一样的自律型组织。我在埃森哲咨询公司工作时，曾经和下属一起在电子版《哈佛商业评论》上发表名为《自我改变的组织：从 VUCA 环境和数字化干扰中胜出的人才、组织样貌》的文章。文章的观点是，如生命体一般，能够自主适应环境的变化，同时进行自我改变的组织是不可或缺的（图 1-3），而日本企业在增强自律性这一点上仍有很长的路要走。

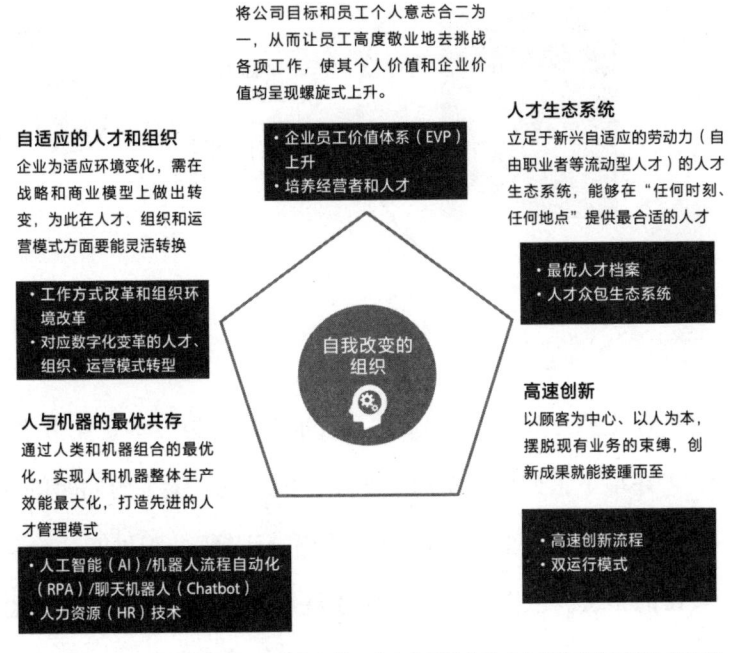

个人和公司成长同步
将公司目标和员工个人意志合二为一，从而让员工高度敬业地去挑战各项工作，使其个人价值和企业价值均呈现螺旋式上升。

自适应的人才和组织
企业为适应环境变化，需在战略和商业模型上做出转变，为此在人才、组织和运营模式方面要能灵活转换

- 企业员工价值体系（EVP）上升
- 培养经营者和人才

人才生态系统
立足于新兴自适应的劳动力（自由职业者等流动型人才）的人才生态系统，能够在"任何时刻、任何地点"提供最合适的人才

- 最优人才档案
- 人才众包生态系统

- 工作方式改革和组织环境改革
- 对应数字化变革的人才、组织、运营模式转型

自我改变的组织

高速创新
以顾客为中心、以人为本，摆脱现有业务的束缚，创新成果就能接踵而至

- 高速创新流程
- 双运行模式

人与机器的最优共存
通过人类和机器组合的最优化，实现人和机器整体生产效能最大化，打造先进的人才管理模式

- 人工智能（AI）/机器人流程自动化（RPA）/聊天机器人（Chatbot）
- 人力资源（HR）技术

资料来源：埃森哲咨询公司，宇佐美润祐、仓岛佑理创作的《自我改变的组织》发表在《哈佛商业评论》电子版，2017年12月26日

图 1-3　自我改变的组织

日本企业的特殊性

在日本特有的人事制度背景下，公司和员工形成了一种特殊的关系，即公司逻辑优先，员工价值从属于公司逻辑的关系。评价一家公司好坏的标准，也在于该公司是否高效率地实现了这种关系。这导致在此

种框架下如鱼得水的人才能够飞黄腾达，而员工个人的所思所想被置之不理。极端地说，公司和员工之间形成了一种相互依存的关系：员工用"灭私奉公"式的牺牲，换取终身受雇佣的工作保障。这放到世界范围内来看也是一种特殊的关系形式（图1-4）。

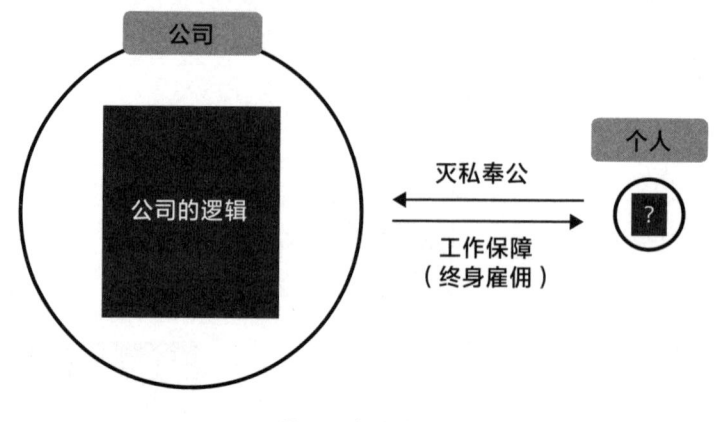

图 1-4　底层逻辑

在景气程度稳步提升的环境下，此种关系会为日本企业带来优势。而在 VUCA 环境下，如果仍像前文所述，把经营层面下的问题甩给门店解决，让门店如懵懂的雏鸟一般试图求出"正解"，很可能会给企业自身造成致命的损害。原因在于，门店才是最接近市场、最容易洞悉市场变化的一方，所以必须从门店层面找准问题，并逐个去解决。

【专栏】与 AI 协作技能的全球化对比

这里有一组有趣的数据,展现了日本员工与公司之间存在的特殊的依存关系。我在埃森哲咨询公司时曾和数字化部门的总经理一同办了名为"雇佣和劳动方式的未来"的记者发布会,而这组数据就源于 2018 年度日本版《雇佣和劳动方式的未来》报告中的内容(图 1-5)。

图 1-5 在全球范围内对比了不同国家的人对于"掌握与 AI 协作的技能"的重视程度和实际投身于此的人员比例。与包含中国和印度在内的全球各国相比,日本呈现的特点是在这两个指标上都处于极低的水平。

对此,我的解释是:日本的员工和公司之间存在着一种依赖、迁就的关系形式,所以日本员工会认为,即使 AI 到来,而自己跟不上节奏,公司也会想办法维护他。

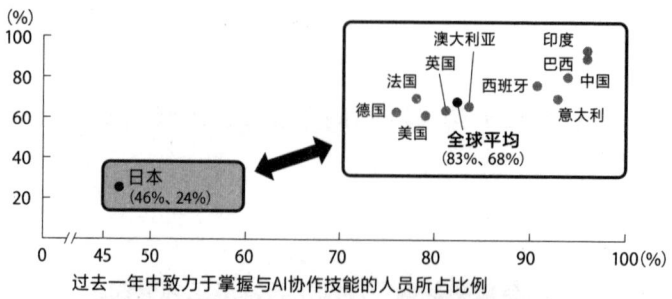

```
认为掌握与AI协作
技能很重要的人员比例
(%)
100
                                        澳大利亚    印度
 80                              英国              巴西
                           法国         西班牙        中国
 60                   德国                        意大利
                               美国   全球平均
 40     日本                         (83%、68%)
        (46%、24%)
 20
  0    45    50    60    70    80    90    100(%)
       过去一年中致力于掌握与AI协作技能的人员所占比例
```

日本人的思维方式确实有其独到之处

埃森哲咨询公司日本版《雇佣和劳动方式的未来》（2018年7月）

资料来源：埃森哲咨询公司，宇佐美润祐、保科学世、大崎邦彦创作的《"AI与人类的协作"是企业成长的关键：业务流程再建构和教育将成为重点课题》发表于《哈佛商业评论》电子版，2018年7月10日

图1-5 员工自律性

个人成长与公司成长同步化

日本企业拥有高自律性的关键在于将个人成长与公司成长同步化。与前文所述的领导力问题相似，同步的关键在于企业要拿出足以让员工产生共鸣的企业愿景，而员工个人则需要深刻反思并明确自己的志向（之前可能没有认真考虑过），从而进一步厘清并领会个人志向与企业愿景之间的关联。

这样一来，就可将公司的"企业愿景"与员工的"个人志向"同步，员工才能充分意识到自己的日常工作与实现"个人志向"和"企业愿景"是紧密联系在一起的，从而赋予日常工作更为深刻的意义（图1-6）。

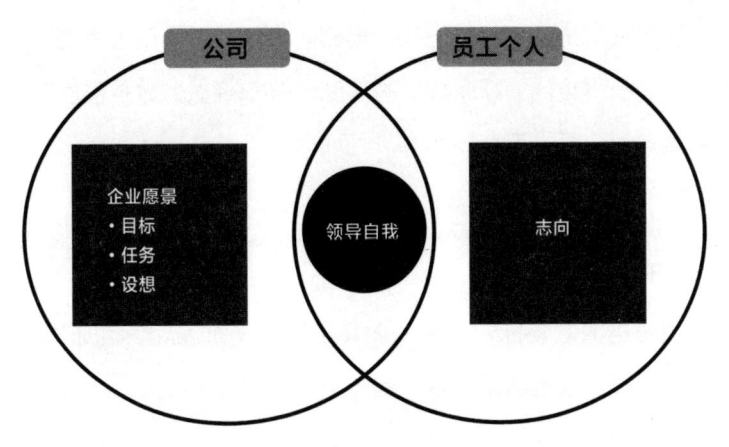

图 1-6　追求的目标：个人成长与公司成长同步化

只注重领导力问题会出现百呼不应的尴尬局面

若公司只注重领导力问题，自顾自地构建企业愿景并强加于人，结果注定只能是"单相思"。因为这样的企业愿景根本无法触动员工的心弦。只有在员工明确个人志向，并将其与企业愿景同步的基础上，才能实现"两相情愿"的共同成长。而现实中很多时候公司只主抓领导力问题，缺乏站在员工角度的换位思考，这就往往导致出现"笛声吹得再响都无人起舞"的尴尬局面。

自驱型人才

当个人志向与企业愿景同步时，点燃了心中火焰的自驱型人才就诞生了。你只需要在大方向上给出建议，自驱型人才会在认真地独立思考的基础上准确地找出亟待解决的问题，并以良好的主观能动性去寻找解决方案，从而取得丰硕的成果。自驱型人才会可靠到有时你必须得给他"踩刹车"的程度："你已经做到这种程度了吗？稍微慢一点，等一下啊！"

快乐循环

自驱型人才还能开启快乐循环（图1-7）。近年来，积极心理学方面的很多调查结果显示：有利于人们产出成果的循环并不是传统意义上的"努力完成上司交代的事情"，进入"产出成果"，收获"快乐"；**而是"做自己想做的事情"，得到"快乐"，"产出成果"。**

只有"志向"明晰、明确自己究竟想做什么事情，才能开启硕果累累的快乐循环。

通过领导自我实现"自我事业化"，从而进入快乐循环，成为自驱型人才

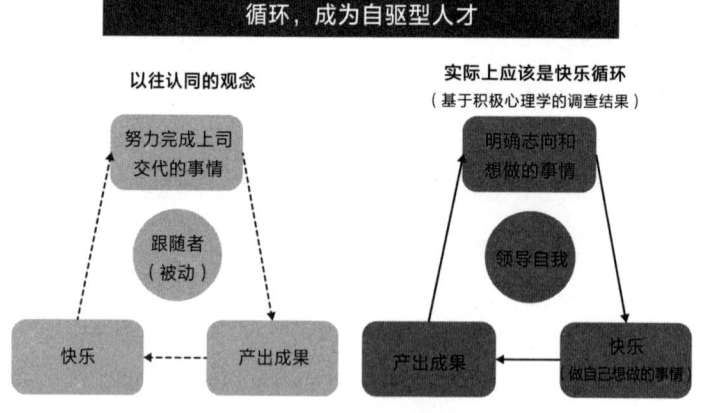

以往认同的观念　　　　　　实际上应该是快乐循环
　　　　　　　　　　　　　（基于积极心理学的调查结果）

努力完成上司交代的事情 → 产出成果 → 快乐（跟随者/被动）

明确志向和想做的事情 → 产出成果 → 快乐 做自己想做的事情（领导自我）

图1-7　成果来源于快乐

▍解决问题的根源是领导自我

至此，我们明白了应对VUCA需要解决的两个问题，即领导力问题（构思企业愿景并抓住问题的能力）和员工个人问题（自律性），而解决这两个问题的关键就在于领导自我。那么，应该怎样领导自我呢？我们将在第二章"领导自我方程式"中得到答案。

第二章
领导自我方程式

领导自我的构思背景

我在战略咨询界已打拼 20 多年，为数十家客户公司的数百个项目提供了战略支援，但其间发生的一些事情让我至今羞愧难当。

战略的质量和成果悖论

战略的质量和成果悖论，是指咨询顾问谏言的战略的质量和践行战略后取得的成果之间不存在必然联系，甚至有较大的偏离（图 2-1）。

就算你用"这可是该行业前所未有的见解！"这样的话自信满满地提出战略构想，客户却并没有完全消化吸收，也没有执行到位，最终就无法取得显著的成果。类似这样无疾而终的案例不在少数。有时，花费上亿日元获取的战略建构报告只是用来装饰书架而已，根本不会去执行。虽然近来和我密切沟通合作的客户很少出现这种情况，不过在以前的教师指导型咨询时代是确有其事的。

基于我20多年战略咨询经验的感性认识

	低~中	高
大	两成	三成
小	一成	四成

项目成果（纵轴：大/小）

谏言的战略质量（我的自信程度）

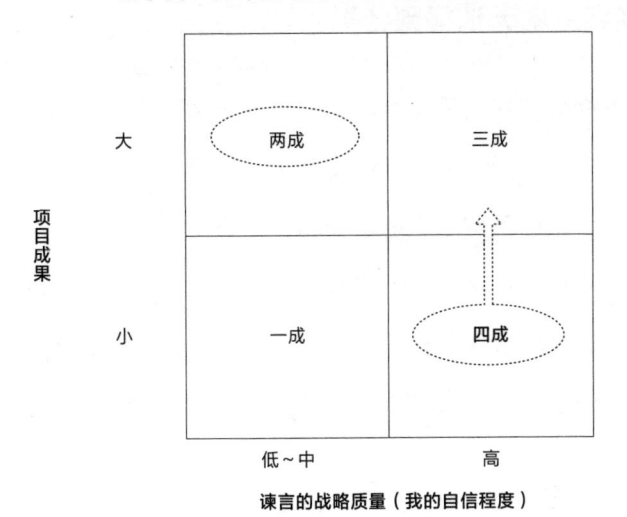

图 2-1 战略的质量和成果悖论

不过也有与其相反的案例存在。有时我会怀疑自己提出的战略缺乏独到的见解，但客户却将"自我事业化"做得很到位，并且下大力气去执行我谏言的内容，最终取得了超出预想的成果。

说起来，战略咨询行业里能给人带来最大乐趣和喜悦的理想案例是：咨询顾问尽心尽力为客户提出战略谏言，客户真诚接受并采纳，而且一心一意地去执行，最终取得显著成果。然而根据我的工作经验，我知道实际生活中客户能接受的战略占不到高自信度（七成）的一半，即不到整体的三成。

所以，最大的问题在于，如何使图 2-1 中右下部分那四成的人转化为右上部分。只要实现了这一点，就能提升谏言的战略对客户的影响力，进而帮助客户取得丰硕的成果。

单靠事实和逻辑无法得到结果

战略咨询的定式是依靠事实和逻辑提出建议。具体来说，是指在提出战略建议之前，需凭借数据挖掘和事例研究，彻彻底底地对过去的情况进行分析，从中预测未来的市场和行业环境，并厘清企业经营的逻辑脉络，即在未来的营商环境中该如何获取更高的利润增长。

从战略成果的角度来看，这样的战略咨询定式存在两个问题。

第一个问题是，定式并不能帮助企业找出正确的亟待解决的本质问题。在 VUCA 环境下，过去的经营经验呈无价值化。**用企业愿景减去现状后得到的部分才是亟待解决的本质问题**。若不解决本质问题，那么再怎么对过去的数据进行分析，也无法取得满意的成果，只能徒增"垃圾工作"而已。正确的做法是，在顺应未来发展趋势的基础上，构思出融入领导者思想和志向的企业愿景，在此基础上找出并解决企业的本质问题。做到了这些，事实和逻辑才变得有意义。

不过，仅做到上面这一点还不足以产出成果。因为战略咨询定式存在的第二个问题，就是其是否具有产出成果的能力（执行）。如图 2-2 所示，稻盛和夫先生在《干法》一书中就**将产出成果的能力定义为思维方式、热情和能力的乘积**。由于是三要素相乘，所以就算再有能力的人，如果热情这一项为零，也会导致产出成果的能力为零。

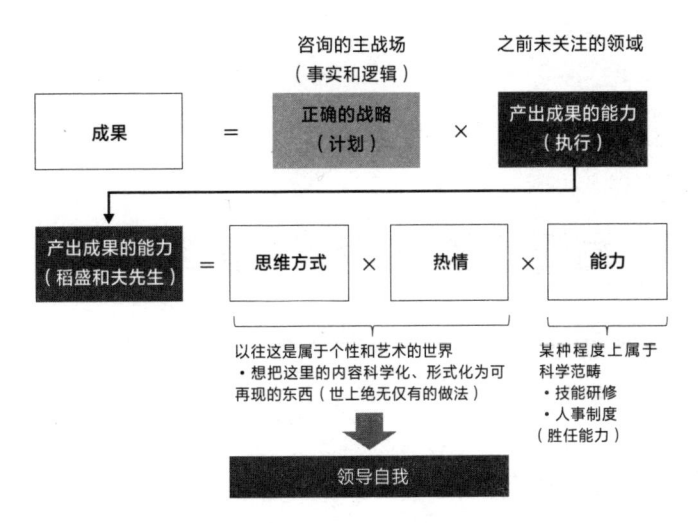

```
                  咨询的主战场           之前未关注的领域
                 （事实和逻辑）

   ┌────┐      ┌──────────┐      ┌──────────┐
   │ 成果 │  =  │ 正确的战略 │  ×  │ 产出成果的能力 │
   └────┘      │  （计划）  │      │   （执行）    │
              └──────────┘      └──────────┘
                                      │
                                      ▼
┌──────────┐   ┌──────┐   ┌──────┐   ┌──────┐
│ 产出成果的能力 │ = │ 思维方式 │ × │ 热情  │ × │ 能力  │
│（稻盛和夫先生）│   └──────┘   └──────┘   └──────┘
└──────────┘
              └──────────┬──────────┘       └──┬──┘
         以往这是属于个性和艺术的世界           某种程度上属于
         ·想把这里的内容科学化、形式化为可      科学范畴
          再现的东西（世上绝无仅有的做法）     ·技能研修
                       │                    ·人事制度
                       ▼                    （胜任能力）
                 ┌──────────┐
                 │  领导自我  │
                 └──────────┘
```

注：稻盛和夫先生在著作《干法》中使用了"人生、工作中获得的成果"这样的表述，并将其定义为思维方式、热情和能力的乘积。

图 2-2　单靠事实和逻辑无法得到结果

　　技能培训和基于胜任力的人事待遇评价机制等都属于三要素中"能力"的范畴，这个部分的内容在一定程度上被科学化了，而"思维方式"和"热情"是个性程度很强的要素，可以说属于艺术的范畴。如果能将"思维方式"和"热情"科学化为可再现的具象事物，那么就能推动正确的战略取得更大的成果。所以，可以说图 2-1 右下角的四成正是形成领导自我思维方式的源头。

邂逅"领导自我"思维方式

成为波士顿咨询的合伙人

我在 40 岁时成为波士顿咨询公司的合伙人,而在与我同期进入公司的 20 人中,最后只有 2 人成了合伙人。没能成为合伙人的 18 个人,则印证了战略咨询公司里奉行的"不升职就离职"原则(Up or Out)——如果没能在一定时期内晋升(Up),就会自动出局(Out)。

虽然其中也有不少人是中途发现自己有更想做的事才辞职的,但如果某一天,你真成为波士顿咨询身兼经营者、股东和执行董事三种身份的合伙人,那时的万千感慨可不是以往的晋升所能比的。晋升合伙人的庆功会上,我收到了大伙送我的马格南瓶装酩悦香槟,上面写满了祝福,我至今仍将其视为珍宝,舍不得喝。

不过晋升为合伙人后,我心里还是有一些疙瘩没解开。我时常会问自己:身为波士顿咨询合伙人的我,究竟想实现些什么呢?当然,对我来说,优先级最高的事情依然是深入挖掘现有客户的潜力并拓展新客户,用洞察力与影响力来启动信任的良性循环,从而夯实我的商业基础。因此，为了让客户见到成效，绽放满意的笑容，我会拼尽全力将本职工作做好。与此同时，我心里那种如"断了线的风筝"一般丢掉主心骨的感觉一直如影随形。

当时，我的一名下属也是领导力研修项目成员之一，他曾这样问我："宇佐美先生，您将来想做些什么呢？"我回答道："我还没决定将来要做的事情。不过，只要还有能力，任何机会我都不会错过。我挺享受这种不确定性。"如今想想，自己当时竟然能面不改色地说出这些话，简直羞耻到想钻到地缝里去。

人生导师野田智义先生的发问

野田智义先生那时候正巧在波士顿咨询合伙人领导力研修班担任讲师，这才让我有机会遇见他，准确地说是重逢。

我还记得在哈佛留学的时候，我曾与野田智义先生有些来往，不过自那之后一直未再谋面。野田智义先生在哈佛大学取得工商管理博士学位（DBA）之后，执掌了欧洲工商管理学院（INSEAD）领导力课程的教鞭，据说他的课也是被学生评为第一的"神课"。2001年，他创立了旨在培养全人格经营者的日本ISL企业战略研究中心。ISL凭借一套在日本甚至世界上绝无先例的独特方式，培养出一批又一批的经营人才，那可谓世界上最先进的经营者培养方式。

在波士顿咨询的领导力研修班上，野田智义先生向我们提出的问题非常简单明了。

你究竟是谁？

你在人生中想达成的愿望是什么？

你在波士顿咨询公司这个平台上想实现些什么？

面对这样简单明了的问题，当时的我竟无言以对。

紧接着，他这样说道："领导力的原点就在这三个问题里。连这三个问题都回答不了，又怎么能让他人愿意跟随你做事？所以，塑造领导力要从领导自我做起，只有拥有强大且坚定的志向和思想，才能让周围的人产生共鸣。当他们产生共鸣，想要帮助你一同实现志向和思想时，你的领导力才上升为领导团队的能力。再往后，当具有能掀起变革的巨浪、改变社会的影响力时，你的领导力就进化为领导社会的能力。"

这番话如当头棒喝一般让我醍醐灌顶。"这怎么可能？我真的不是当领导的那块料呀。""'享受不确定性'？当时的我是不是傻？""我40岁之前究竟在干吗？"我开始扪心自问。

领导自我的原型

我听到野田智义先生关于领导自我的讲话时，如当头棒喝一般受到很大冲击。与此同时，我也觉察到成为波士顿咨询合伙人后，自己心中的那种不畅快、如"断了线的风筝"般的感觉，其根源或许正与野田智义先生讲的内容相关。

为了能回答出野田智义先生提出的三个问题，我决定深刻反思。

40 岁前拥有坐享其成、结果尚可的人生

首先，我就以"40岁之前究竟在干什么？"这一问题为起点，开始回顾我的前半生。在回顾的过程中，需要深刻反思我的思维、行动特征及所珍视的事物，从而抓住线索，厘清自己想做的事究竟是什么。

回头看看自己的前半生，最先涌上心头的感悟就是我从大学毕业、就职，到被野田智义先生当头棒喝的40岁为止，虽说也取得了一些马马虎虎的成果，但总体而言，可以说是由机缘驱动的坐享其成的前半生。正因如此，在40岁之前，完全没有接触过领导自我概念的我，才因野田智义先生的一番话得知了领导自我的重要性（详情请参见专栏内容）。

如果没有野田智义先生的当头棒喝，如今的我大概依然过着坐享其成的日子吧。现在想来，野田智义先生不仅是我人生的导师，称他为我人生的救世主也不为过。为了报答他的恩情，目前我在野田智义先生所主持的 ISL 企业战略研究中心担任研修班讲师，参与策划学员的经营构想主题。在合作过程中，野田智义先生一如既往地带给我全方位的巨大触动，我这哪里算得上报恩，明明是来学习、取经的。

【专栏】机缘巧合造就坐享其成、结果尚可的人生

机缘巧合是指如同世纪大发现一般，由某种偶然因素产生的罕见个例，我把这样的罕见个例称为缘分。我觉得自己的前半生，正是由连续的机缘巧合所构成的，可谓相当特别的一段人生。

我叫宇佐美润祐。25岁之前，我的名字叫驹田诚。由于我的妻子是家里的独生女，而岳父手下有不少产业，并且将来终究要找人继承家业，因此，我作为养子入赘了宇佐美家。同时我又是驹田家的长子，所以当听到我要入赘宇佐美家时，父亲愤怒地骂道："你在想什么？！"还好后来弟弟代替我继承了家业，才让这件事情渐渐平息下来，我真得感谢他。

说起来，我是大学四年级时在田径队里和妻子认识的，当时她是兼任田径队经理的大一年级新生。我在学校做田径运动员的时候并没有和她交往，直到一次偶然的机会，我帮助她在涉谷摆脱怪人的尾随，才有了我们交往的开端。之后妻子总是对我说："你那时候是早有图谋的吧？"冤枉啊，我那时真没什么图谋。

等到入赘这件事好不容易获得父母理解，我本以为该一帆风顺了，没想到养母向我掷出一个刁钻的球："驹田诚是个好名字，但是，宇佐美诚这名字可不算好。"

养母在由姓名判断吉凶这件事上是权威人士，她不仅为很多人取过名，还在结婚之时改换了自己的名字。她的权威之言，迫使我不得不面对改换户籍姓名这件高难度的事情。我先前往妻子家的所在地芦屋市，到那里的家庭裁判所提交改名申请，结果直接被拒绝。随后，我又去了姬路市的家庭裁判所，在一位女性法官面前一阵哭求之后，才获得了改名许可。

后来，我参加同学会，当我在名册上写下宇佐美润祐（驹田诚）时，朋友们纷纷诧异地问："你是因为做了什么坏事才改名的吗？"

本以为总算结婚、入籍了，这下该风平浪静了吧，没想到又有一个异次元掷球出现在我面前："老待在你们公司能有什么出息？！"我大学毕业后，入职了当时人气第一的东京海上日动火灾保险公司，工作也干得很开心。可好景不长，养父母的友人——曾留学美国的一对夫妻劝导我说："润祐啊，老待在你们公司又能如何？要多到世界上开阔开阔眼界！"养父母对他们的话深以为然，大力鼓励我出国留学。结果，完全没有辞职打算的我离开了公司，开启了自己的留学生涯。

我在大学时代并没有好好学习英语，导致留学时在语言方面很吃力。为了提升入学必须参加的托福和GMAT（经企管理研究生入学考试）的考试成绩，我和妻子一同在伯克利语言学校学习。一番努力后，我总算获得了哈佛大学肯尼迪政治学院的入学许可。那时距离正式入学还有一段闲暇时间，我利用这段时间在GMAT预备学校做了一些有趣的研究，并将一位毕业于哈佛法学院的律师的方法论①开创性地改编为面向日本人的GMAT参考书——《GMAT完全攻略》。后来参加波士顿咨询公司的招聘面试时，面试官看到我的资料马上问："您就是那本GMAT参考书的作者宇佐美先生吗？"这样的询问，让我不由得有点尴尬。我心想，得多多提高自己作为咨询顾问的知名度了。

入学后，我潜心钻研商业与政府领域，写过对比日本和韩国半导体产业的论文。之后，我师从曾在克林顿政府中担任劳工部部长的罗伯特·赖克教授，他当时的讲义后来成为《国家的作用》这本书的基石，带给我很大的触动。我还聆听过戈尔巴乔夫总统的演讲，辅修过哈佛商学院和麻省理工学院斯隆管理学院的MBA课程。哈佛大学肯尼迪政治学院真是一个充满知识和快乐的地方。与我同级的很多人是由企业和政府机构派遣过来学习的，其中包括日本前农林水产大臣斋藤健和一些国会议员，因而我还能认识一些非商学院出身的人士。

结束留学生涯回到日本时，恰逢泡沫经济破灭，涉猎房地产业的养父的日子自然也十分不好过。他名下的芦屋六麓庄（日本屈指可数的高级住宅区）和关西多家名门高尔夫球场的会员资格转眼间化为乌有。我迫不得已需要找份工作养家糊口，因此才有了身为咨询顾问的宇佐美润祐。

---

① 为了确保不同种族的考生有良好的成绩，标准化测验会在出题内容和出题方法上有所差别，能利用这一点的话就可以取得不错的分数。例如，应该优先选择解答与少数族裔相关的阅读题，因为与少数族裔相关的阅读题比其他阅读题要容易一些。

> 回头想想，要是没有怪人在涉谷尾随妻子，我也许就不会和她结婚，也不会改换姓名，不会出国留学，更不会在咨询行业打拼，而这一切都由机缘巧合所造就。
>
> 迅销集团（优衣库母公司）董事长柳井正先生常常把机缘巧合挂在嘴边，如"幸运女神只有刘海给你抓"等，意思就是幸运会平等地降临在每个人面前，所谓运气好，只不过是在运气来到眼前的瞬间及时觉察并抓住了它。所以，只有平常付出努力，才有可能受到幸运女神的垂青。当柳井社长在迅销集团的会议上讲这样一番话的时候，我打趣地说道："不好意思，我只有脑后的头发了。"柳井社长听到后露出了笑容，这也成了我在迅销集团的美好回忆之一。

专注于跳高的 15 年间学到的东西

别看我之前过着坐享其成的人生，但我在跳高领域可充分领导了自我。自小学五年级开始，到成为社会人并工作满 3 年为止的 15 年间，我一直在田径赛场上拼杀，大学时创造出 2.01 米的东京大学跳高新纪录，工作之后又在全三菱集团的比赛中豪取三连冠。上小学时，我曾代表学校参加地区跳远大赛并获得冠军，这成为我踏上田径之路的开端。

确实，我在弹跳力方面比其他人要强一些。升入初中后我才正式开始练习跳高，结果初三时就创造了 1.84 米的地区新纪录（据说到了 40 多年后的现在，我依然是该地区这项纪录的保持者），并在兵库县举办的大赛中获得冠军。

我高中时的梦想是参加全国大赛，为此我克制欲望专心致志地练习跳高。同时，我也饱览讲述跳高理论的书籍，自学背跃式跳高的技巧和训练方法，而且为了掌握背跃式跳法坚持不懈地练习。功夫不负有心人，高一时在兵库县青少年大赛上，我以 1.88 米的成绩获得冠军，高二时又将此纪录提高到 1.98 米，并在近畿地区青少年大赛上荣获第四名，全国大赛资格总算是触手可及了（在近畿地区大赛中取得前六名的选手，将获得参加全国大赛的资格）。

高三那年的 6 月 20 日是令人难以忘怀的一天。近畿地区大赛在雨中的神户王子竞技场拉开帷幕。上午预赛，我以 1.90 米的成绩成功晋级，但到下午决赛时，滂沱大雨让我的身体如冰冻一般僵硬。尽管越过了 1.90 米，但接下来跳跃时，身体的沉重感让我在 1.95 米的高度前折戟沉沙，去往全国大赛的梦想之门就此关闭。我坐在垫子上抬头仰望，在雨水和泪水的交织中，那映入眼帘的 6 月 20 日神户朦胧的雨天模样，成为我至今记忆犹新的风景。

之后的一段时间里，我陷入了茫然的状态，对什么事都提不起兴趣。周围的人很期待我能参加全国大赛（我可是重点高中里以全国大赛为目标的稀有物种），所以去上学对我而言也成了一种煎熬。近畿地区大赛后紧接着到来的就是期中考试，我的成绩下降了近 30 名，"复读"两个字时不时浮现在我的脑海里，情绪低落到谷底。

这种在湖底泥沼中蛰伏的日子持续了数周，之后有一天，田径队的顾问老师叫住了正准备从学校回家的我，询问我要不要报名参加 7 月末的国民体育大会预选赛。听到这个消息，我脑海里"近畿大赛上的一切都结束了"的想法随之完全消退。我回答老师：请让我稍微考虑一下。那天夜里，我思绪万千。我回想起刚开始练习跳高时简单的快乐，也回想起身体中那不可思议的力量，回想起自己心如止水地向着横杆助跑，身体轻轻飘起创造新纪录的美好回忆。或许我太执着于参加全国大赛，太过投入地向前看，反而因此迷失了自己。

管它结果如何（要知道我已经数周没有练习），我就再参加一次比赛，尽情享受跳高的乐趣吧！我打算比赛结束后退出田径队。于是，在7月末的国体预选赛上，我创造了1.99米的个人最好成绩并夺得冠军（虽然国体预选赛并不保存纪录）。这个纪录在兵库县高中生跳高排行榜名列榜首，为我的跳高生涯画上了圆满的句号。到这时，我的心结才完全解开，开始在学习上集中精力，最终作为应届生被东京大学录取。

塞翁失马，焉知非福

上文所述的这一段经历，让"塞翁失马，焉知非福"成为我的人生格言之一。人生并不是一帆风顺的，面对困难只有决不放弃、拼尽全力去努力争取，才可能受到上天的垂青，正所谓"天道酬勤"。人生中哪些事是幸运，哪些事是灾祸，根本无从知晓，而我能做的只有砥砺前行。我也充分认识到，在生活中无论遇到什么困难，都应该用积极的心态去面对和解决，积极的心态也成为我今后取得成功的要素之一。

顺便提一句，有一种诊断人自身特性的工具叫作优势识别器，我用它对自己进行了分析，发现积极性和策略是我最突出的两个强项。很多咨询顾问具有在关键时刻准确捕捉事物特性的能力，但兼有高度积极性的咨询顾问可以说是凤毛麟角。

"不是我的头发在后退，而是我在前进。"软银集团创始人孙正义先生的这句话，也正是我的座右铭（碰巧我和孙先生在发型上有相似之处）。

回顾 40 岁前的人生所获得的启示

我在对过往的回顾中，得到下面三个启示，同时也获取了"毫无根据的自信"：只要找到值得用一生去实现的事情，人自然会具备将其实现的素养。

启示一：以往我过着坐享其成、结果尚可的人生，今后必须有所转变才行。

启示二：多回想自己只专注于跳高时的激情，（或许）自己原本就不缺乏能量。

启示三：若是找到值得用一生去实现的事，自然能专心致志地向前冲刺。塞翁失马，焉知非福？

践行领导自我

回顾了前半生后,我抽出时间静下心来深层次地考问自己:"我想实现的人生目标究竟是什么?"

我的答案是"人"。

战略咨询领域最令人头疼的莫过于"战略的质量和成果悖论",而要想打破此悖论,只有对负责践行战略的人进行变革——这是我得出的结论。我要把对人的变革作为毕生的事业来推进。具体做法是,利用科学手段将产出成果的能力从个性化的艺术世界里萃取出来,并转换为可再现的科学事物,从而带来更大的影响力。这就是我在战略咨询领域为自己确立的志向,自此我像找到了主心骨一般,精神为之一振。

加入波士顿咨询公司

之后,我在波士顿咨询公司积极参与以人和组织变革为目标的组织实践活动,并担任日本方面的负责人。当时,整个波士顿咨询公司正在转型——从专业战略咨询公司向可应对更广泛的经营议题的咨询公司转型，并遵从"上行"的大方向来强化公司职能主线，而组织实践就是其中的新主线之一。

这条新主线催生了新项目。新项目将"建立前所未有的战略构架""培养下一代领导者"和"董事意识行为改革"三方面相融合（这个项目持续运行的四年间，我的好几个门生已从当时小小的经理晋升为董事了）。以此为契机，我又接连主导了许多与人和组织变革相关的项目，其中运用的一些独特方法在世界上也备受关注。在离开波士顿咨询公司之前，我还在全球实践大会上荣获组织实践奖这样一份殊荣。

成为迅销集团（优衣库）的人才培养机构负责人

曾经与我一同在波士顿咨询公司工作的一个朋友后来跳槽到迅销集团担任人事负责人。有一天，他突然来访，并用较为轻松的语气问我："要不要来 FRMIC 做事？"FRMIC 是快速零售管理创新中心（Fast Retailing Management and Innovation Center）的英文缩写。它是迅销集团国际化零售人才的孵化器，也是一个经营者培养机构。为了助力迅销集团在 2020 年完成 5 万亿日元的销售额从而实现全球第一，FRMIC 需要完成"寻找并培养 200 名合格经营者"的任务目标。为此，柳井正社长亲自挂帅，担任 FRMIC 的校长，并由来自哈佛商学院的竹内弘高教授担任副校长，充分体现了迅销集团对此事的重视程度。

我当时对迅销集团的印象还停留在相关媒体报道的层面，于是回答友人："饶了我吧。"但朋友仍不死心，建议我抱着顶多是上一次当的心态去试试。他的这句话打动了我，同时，对柳井正这个人的好奇也促使我下定决心去 FRMIC 应聘。结果和柳井正先生一见面，我的身体就像通了电一样不住地颤抖。柳井正先生为迅销集团定下的"改变服装，改变常识，改变世界"的目标和他的认真令我感动不已，并完全为他所折服。

迅销集团的目标是成为全球第一，其培养经营人才的负责人一职正好与我的志向不谋而合。不过，我心里仍有一丝不安，因为并不确定自己能否在柳井正先生手下干好这份工作。一番天人交战之后，为了实现志向，我决定离开战略咨询行业，投身于经营者培养的工作。

到迅销集团以后，接受柳井正先生的训斥成了家常便饭。四年来，我的心情每天都像坐过山车一样，但与此同时，我学到的东西也成为宝贵的财富（详情请参见第三章）。

加入埃森哲咨询公司

在迅销集团的四年，我收获了难能可贵的经验，因为所做的工作正与我的志向挂钩。不过，从工作风格的角度而言，在迅销集团的我就像是柳井正先生的跟班，手忙脚乱地把他不断掷出的球捡起来，这有些背离了领导自我的理念。而我也尝试过将球掷给柳井正先生，结果要么被一个本垒打反杀，要么承受他几倍奉还的掷球。在这样的过程中，我充分领略了柳井正先生的强大能量，但心里仍有一些不甘，毕竟我还是想置身于领导自我的环境中。

就在这时，机缘巧合下，我有幸前往埃森哲战略咨询公司总部，担任人才与组织业务（Talent & Organization，T&O）的负责人。进入埃森哲咨询公司四个月后，我从战略咨询总部脱颖而出，升任埃森哲日本T&O业务总负责人，主要任务是将T&O的理念和功能与公司的组织架构整合在一起。

我将这样的工作内容命名为One T&O，其目标是建立超越部门的协同组织关系，并促使这个组织不断成长，这样的理念在全球备受瞩目。在埃森哲咨询公司工作期间，我接手过不少数字化转型过程中的人才组织变革项目，先进的数字化技术带给我许多新的触动。我深切体会到，数字化转型中最为关键、最具有差异化的因素依然是"领导自我"。

对于经营高层和董事会而言，为了在商务数字化、组织数字化、人才战略数字化（寻觅、培养、留住）、思维模式数字化、依托机器人流程自动化（RPA）等变革中获得主导权，需要在意识和行动改革方面有所改变。如何自我事业化（轻装上阵）？如何引领变革、打造强有力的纽带，以创建一支强大的团队？答案就是将领导自我的理念与实际项目有机结合，这样做之后，你会惊叹于产出的成果和获取的客户价值。

在埃森哲咨询公司的工作经验，帮助我进一步钻研领导自我的方法论，并取得了实实在在的成绩。我不禁感叹：这才是我想做的事情，也正是40岁时归于平淡的人在苦苦寻觅的变革之道。

领导自我训练营

有一次特别的跨行业交流研修活动，加深了我对领导自我理念的理解。

以往各家日本企业培养的管理层成员都是"窝里横"，而那一次研修的"领导自我训练营"的主题，旨在通过跨行业交流让学员们真刀真枪地切磋钻研，从而摆脱"窝里横"的状态，真正实现蜕变（这次实践活动的详细内容将在后文中叙述）。

事情的起因说来也巧。一位大学时田径队的前辈刚好在三得利公司担任人才开发负责人，他告诉我，三得利公司将首次举办管理层跨行业交流研修活动，问我能不能去帮忙。虽然我之前从没组织过单纯的研修活动，但实在不好意思对前辈说"不"，于是欣然接受了。

我们两个人在盛夏时节齐心协力，又是排计划、定流程，又是做宣传、找企业，前前后后奔走不停。功夫不负有心人，最终，日本十大代表企业①悉数到场，第一届跨行业交流研修会顺利召开。在初次研修会的摸索中，为了使自我事业化的概念更加深入人心，我们尝试了很多新奇有趣的内容，包括编排绘景（EGAKU）研讨会的环节，给学员们出难题，让他们思考日本独创性经营概念这样高层次的问题等；我们还花心思引入一种意见反馈机制：用轮询调度的方式让学员们在设计思想方面互相"找碴儿"，并提出建设性的意见等。

学员们通过领导自我完成自我事业化，彼此间形成了牢固的纽带。他们展现出的前所未有的认真态度是对我最好的回应。虽然各个企业团队在研修过程中都吃到了苦头，也经历了波折，但他们靠令人惊叹的

---

① 2019年参会企业为KDDI、三得利控股有限公司、日本交通公社（JTB）、资生堂、东京海上日动火灾保险公司、东急集团、日本航空、保圣那集团、松下电器和瑞穗金融集团。

热情提出了许多优秀的经营构想。赞助商的人事部门代表在最后的总结报告中谈到，在研修训练营里能出现这么多融入个人思想的高质量经营构想是他始料未及的。有个企业团队甚至希望人事主管和部长准许他们休假，专门践行在这次训练营中提出的经营构想，他们宁愿提出"请假申请"也要把自我事业化进行到底（图2-3）。实际上，在持续两个月的训练营中，我们只进行过三次两天一夜的集训研修，而他们竟然能为自我事业化做到这个地步，想到这里我不由得感动得热泪盈眶。如今，研修训练营即将迎来它的三周岁生日，它的主题也变为"领导自我"。

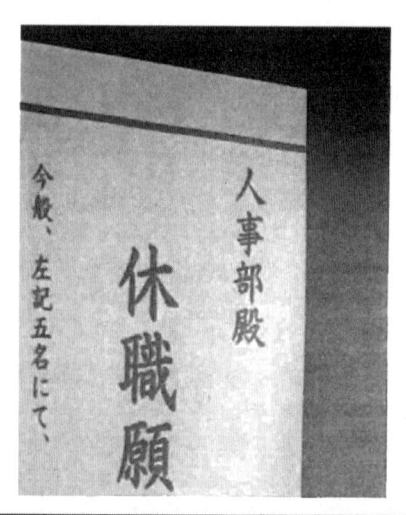

某企业团队（五人）做完总结报告后，向他们的人事主管和部长提出请假申请。

摄影：我（宇佐美润祐）

图2-3 领导自我掀起的波澜：总结报告中的"请假申请"

再次领导自我：尝试创业

就这样，我不断积累着领导自我的经验。

直到有一天，早起淋浴后，脑海里忽然闪过如天启一般的想法："摆脱组织束缚，专注于自己真正想做的事情会如何？"和特蕾莎修女得到"舍弃所有，与最贫穷的人一同劳作"的天启相仿，这样的想法也是在倏忽间降临到我身上的。对我来说，清晨淋浴后的时光经常伴随着突如其来的"顿悟时刻"，这一次，或许是我人生中最为重要的"顿悟时刻"。

我之前几乎从未把创业作为职业生涯的一个选项，不过到了职业生涯的收官阶段，摆脱组织的束缚，专心去做自己想做的事情，也未尝不可。于是，我决心诚实地顺从自己内心的声音，鲁莽地挑战人生，以57岁的高龄尝试创业。

我给自己的公司取名为"释放潜能（UNLOCK POTENTIAL）"①。公司的经营目标是通过领导自我，释放企业中人才和组织的潜能。同时，我也想为日本企业再次闪耀全球尽可能多地做出自己的贡献。

野田智义先生的当头棒喝，促使40岁的我认真回顾了自己的前半生，发现自大学毕业起的18年里，我毫无志向和抱负，过着坐享其成、结果尚可的人生。于是，我进行了第一次领导自我。碰巧又过了18年后，我迎来了第二次领导自我。也许再过一个18年，当我75岁时，还会有第三次领导自我。

---

① UNLOCK POTENTIAL 公司，旨在领导自我，释放人才和组织的潜能（Lead Youself, Unlock Potential of Talent & Organization）。

领导自我方程式

我在40岁之时受到野田智义先生的当头棒喝，于是回顾了前半生，并深入反思自己在人生中最为珍视的东西，以及自身固有的思维方式和价值观，从而进一步明晰了自己真正想做的事情。**如前文所述，领导自我需要以描绘志向图景的原始体验为基础。**

从本章开始，我将介绍领导自我的具体方法。

图2-4所示，实现领导自我所不可或缺的两个要素就是自我事业化和创造"羁绊"。

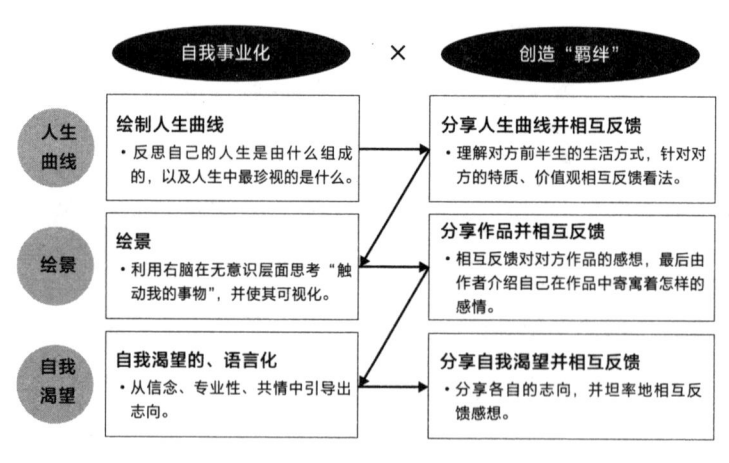

	自我事业化	×	创造"羁绊"
人生曲线	绘制人生曲线 ·反思自己的人生是由什么组成的，以及人生中最珍视的是什么。		分享人生曲线并相互反馈 ·理解对方前半生的生活方式，针对对方的特质、价值观相互反馈看法。
绘景	绘景 ·利用右脑在无意识层面思考"触动我的事物"，并使其可视化。		分享作品并相互反馈 ·相互反馈对对方作品的感想，最后由作者介绍自己在作品中寄寓着怎样的感情。
自我渴望	自我渴望的、语言化 ·从信念、专业性、共情中引导出志向。		分享自我渴望并相互反馈 ·分享各自的志向，并坦率地相互反馈感想。

图2-4　领导自我的方法

自我事业化

自我事业化指的是自身通过深层次的反思，明确"我究竟是什么样的人""我的人生目标是什么"，以及"我在公司、团队中想要实现怎样的价值"，等等，同时形成相应的思想准备。

平常的生活总是忙忙碌碌，眼前堆积的工作让人应接不暇，人们很难有时间反思自己。我就在不经意间发现，自己在志向都不清晰的情况下虚度了10年、20年的时光，直到人生已经迈过第40个年头。

创造"羁绊"

创造"羁绊"指的是在团队成员之间创造强有力的情感纽带。

就算有些人仅靠自己也能实现领导自我和自我事业化，但一个人能做的事情毕竟有限，而领导自我对整个团队也有助益：在团队成员相互尊重并深入理解的基础上，明确团队目标，且在向目标迈进的过程中，每个成员都不吝惜付出，最终大家拧成一股绳，成为一个真正的整体。想想看，在橄榄球世界杯赛中，日本代表队多么团结！拥有类似的团队难道不是一件幸事吗？不觉得他们取得的成绩令人惊叹吗？

那么，该如何创造这种情感纽带呢？具体方法是：团队成员之间相互分享各自的人生经历、价值观、心底的想法和志向等平时难以启齿的事情，有时候甚至分享一些青涩、幼稚的经历（那种一起出去喝酒时也不会轻易说的事）。互相分享某些难为情的事，能够一下子拉近彼此之间的心理距离，从而构建无话不谈、互相勉励的融洽关系。

之前可能因不甚了解而客气、谦恭，但现在，则需为对方着想而敢于仗义执言，即便不是自己分内的事也得这样做，因为这样才能形成一种敢于提建议以使对方变得更好的情感纽带。

自我事业化和创造"羁绊"的三种方法

进行自我事业化和创造"羁绊"时，可以利用三种有效的方法，即**人生曲线、绘景和自我渴望**。想达到最佳效果时，可将这三种方法同时运用。这或许会耗费一整天的时间，不过，达到自我事业化和创造团队"羁绊"的效果都是相当显著的。

在先前介绍的跨行业交流的领导自我训练营活动中，我们第一天就将三种方法用了个遍，结果让提供培训场地的三得利公司员工在当天傍晚的联欢会上感慨不已："你们这些人有什么魔力？我和你们的关系比和同事的关系更近。"以此为开端，大家在直言不讳、互相切磋的研讨过程中，水到渠成地提出了不少充满灵感的经营构想。

如果时间有限，就以人生曲线和自我渴望为开端，最后在实践动员大会上，一并针对绘景进行研讨。还有一种模式，是将绘景和自我渴望放在开端，通过团队成员描绘出各自的愿景并分享，以此促进团队形成改革的巨浪。

下面我们就人生曲线、绘景和自我渴望做更为详尽的说明。

人生曲线

人生曲线所在坐标系的横轴为时间轴，跨度为从童年时代到现在；

纵轴表示积极性水平。人生曲线用来描述人在各种各样的人生处境中积极性的变化情况，而且其中会标注出造成积极性起伏的决定性因素或事件。

绘制方法

偶尔会有人发出这样的疑问：纵轴的积极性水平是以怎样的标准来衡量的？我的回答是：以自己的主观感受进行评判即可，并没有绝对意义上的标准。跟一些人生起伏相当剧烈的人交谈之后，你会发现，他们和其他人生起伏平缓的人相比，人生经历上并没有太大的差别，也有一些人确实经历过苦难后逆转复活，所以无须将不同人的评判标准混为一谈。

在人生曲线图中标注出的事件和变故，都属于人生的转折点，特别是那些在人生曲线顶点和谷底处发生的事情，更可谓人生的关键点。因此，无须在团队中分享时，只需自行绘制人生曲线，将自己的人生内容毫无保留地和盘托出，以便于更全面深刻地做出反思。

若需要在团队中分享人生曲线，我的建议是：首先确认团队里已经形成相互理解、相互尊重的氛围，然后再尽可能开诚布公地自我揭示。倘若此过程给你带来了沉重的精神负担，则完全没必要谈及个人隐私。

反思的要点

反思的关键在于，总览绘制好的人生曲线，然后回顾自己在各个人生转折点上的心理状态，比如：发生了什么事情让我做出那样的决策或判断？什么原因导致积极性上升，什么原因导致积极性下降？伴随着这种回顾，脑海中将浮现一些问题，比如：我的人生究竟由什么组成？我最为珍视的是什么？

我们需要将这些问题组织成语言并记录下来。但此时并不需要绞尽脑汁去思考自己想做的事或自己的志向究竟是什么，就让问题的答案静静地在脑海里沉睡吧。外山滋比古先生在《思考的整理术》一书中讲道：可以让回顾人生时悟到和察觉的事情暂时在脑海里沉睡，随着时间的推移，脑内神经元的突触会渐渐联结起来，从而在适当的时候（或许）会突然遇到"啊哈！时刻"，幡然醒悟。

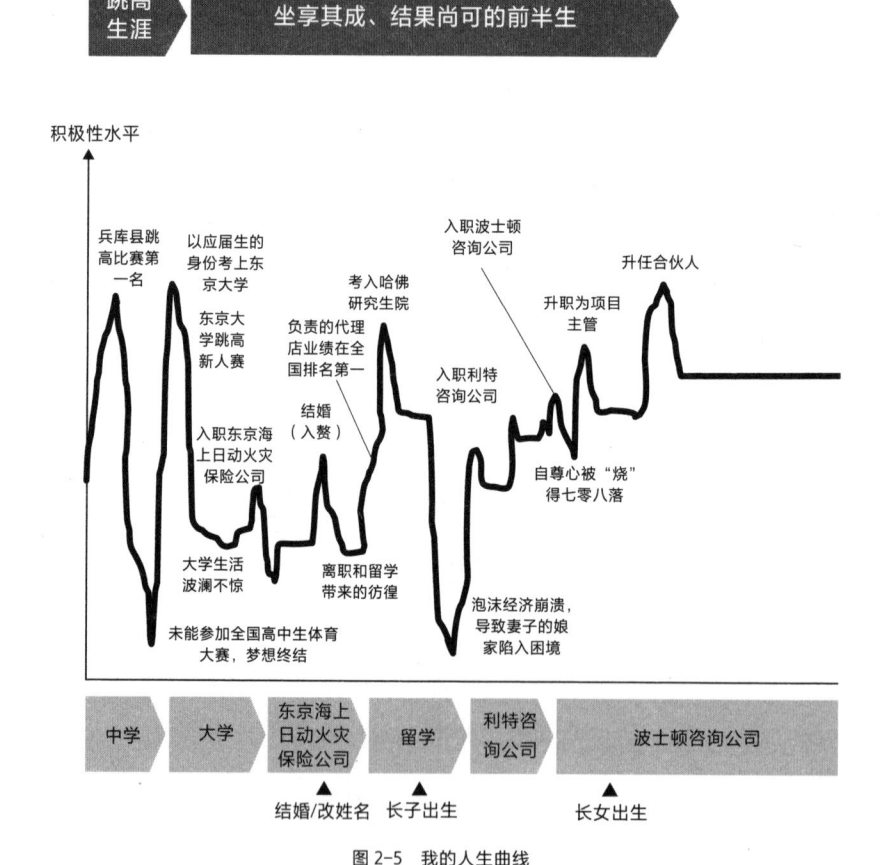

跳高生涯 　坐享其成、结果尚可的前半生

积极性水平

- 兵库县跳高比赛第一名
- 以应届生的身份考上东京大学
- 东京大学跳高新人赛
- 入职东京海上日动火灾保险公司
- 大学生活波澜不惊
- 未能参加全国高中生体育大赛，梦想终结
- 考入哈佛研究生院
- 负责的代理店业绩在全国排名第一
- 结婚（入赘）
- 离职和留学带来的彷徨
- 入职利特咨询公司
- 入职波士顿咨询公司
- 泡沫经济崩溃，导致妻子的娘家陷入困境
- 自尊心被"烧"得七零八落
- 升职为项目主管
- 升任合伙人

中学　大学　东京海上日动火灾保险公司　留学　利特咨询公司　波士顿咨询公司

▲ 结婚/改姓名　▲ 长子出生　▲ 长女出生

图 2-5　我的人生曲线

接下来，将以我个人为例，来说明该如何使用人生曲线来考察一个人。我的人生曲线如图 2-5 所示，曲线里一个不落地添加了之前提到的要素。

从宏观和全局层面进行回顾

我的整个人生可按照前文所述的方式分为三个阶段：从大学毕业到 40 岁坐享其成、结果尚可的人生阶段，被野田智义先生当头棒喝后幡然醒悟的志向驱动人生阶段，这是两大主要阶段，再加上以参加全国高中

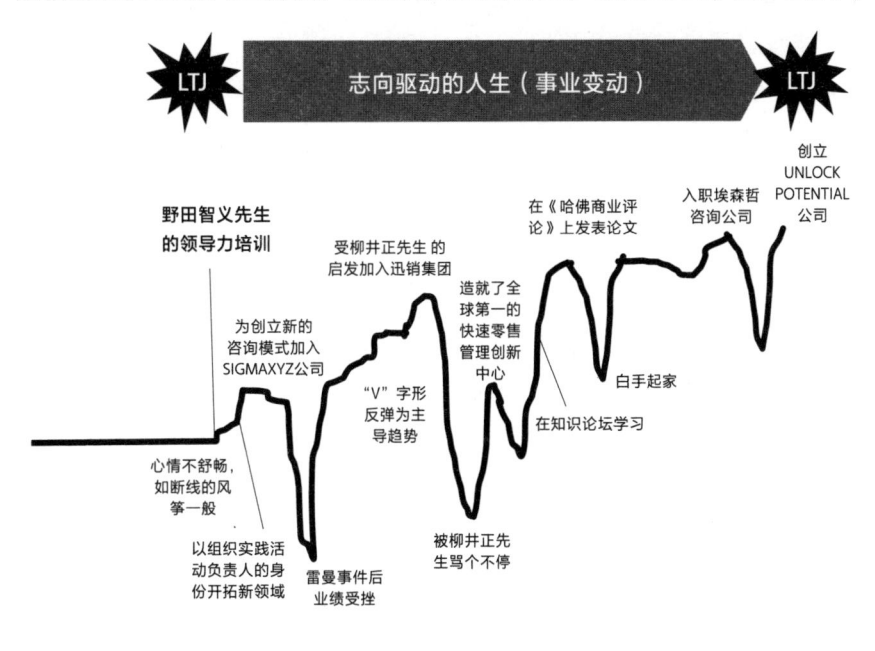

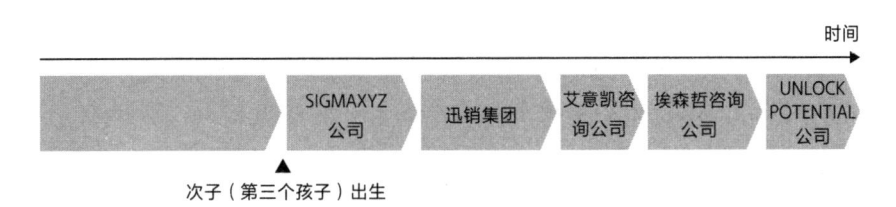

图 2-5　我的人生曲线

生体育大赛为目标而醉心于跳高的少年时期。

过分拘泥于具体事件则往往难以认清整体状况，问题的关键在于要从全局层面考察现在的自己由怎样的人生阶段造就。因为是40岁时绘制的人生曲线，所以这曲线在在40岁之后的部分是空白的，但是这空白也会带给自己如下三个启示：

- 以往我过着坐享其成、结果尚可的人生，今后必须有所转变才行。
- 回想起自己只专注于跳高时的激情，（或许）自己原本就不缺乏能量。
- 若是找到值得用一生去实现的事，那么自然就能专心致志地向前冲刺。塞翁失马，焉知非福？

从微观层面进行回顾

从全局层面对自己的前半生进行回顾之后，还需要进一步从微观层面回忆各个阶段的关键事件，进而明晰自己最为珍视的事物。

下面，我将从微观层面回顾身为战略咨询顾问的职业生涯，并提炼出那时我最为珍视的事物。

- **最先浮现在脑海中的就是自我事业化。**

我在咨询公司工作时，接到了来自梅田望夫先生①的项目，这也是让我在咨询行业获得最大成长的项目。

对于当时初出茅庐的我而言，做项目只要孜孜不倦地扮演好该扮演的角色即可。但是随着工作时间日渐增长，我却发现自己并没有充足的时间深入思考，所以会产生"我真的在从事咨询工作吗？"这样的

---

① 梅田望夫是《网络巨变元年》《硅谷精神》等书的作者，可谓日本高科技领域咨询的权威人士。

疑问。

恰好这时就接到了梅田先生的项目。此项目的主要内容是基于美国前副总统艾伯特·戈尔的国家信息基础建设构想形成日本版提案，可谓一个相当宏大的主题。可没想到，公司当时竟把如此关键的项目交给了乳臭未干的我，真是太让人意外了。在项目进行过程中，我经常找梅田先生一同讨论并改进我的观点和假设，也多次一个人前往美国对政府要员进行访谈。我对此项目抱有强烈的主人翁意识，觉得这并不是梅田先生的项目，而是我自己的项目，因此必须以"背后没有任何人可以依靠"的心态来迎接挑战。项目结束时，自然也由我来做总结，而且获得了很高的评价。这是我头一次感受到身为咨询顾问的乐趣。

尽管如今的我已经写了不少领导自我方面的书，但回顾以往职业生涯后才发现，我个人的自我事业化体验其实源于从梅田先生这个项目中获取的成就感。

- **接下来浮现在脑海中的是客户的笑容。**

项目过程中有不少开心的事发生，当然也少不了挫折与辛酸。在波士顿咨询公司工作的时候，一位搭档曾评价我做的幻灯片"简直是垃圾"，还把我的讲义丢进垃圾箱里（以前用"叫人给煮了"来形容这种情况，现在应该不会有这种事发生了）。

处境艰难的时候，我会回想客户的笑容来安慰自己。其中，有他们赞许我的提议"这个很有意思！"时所展露的笑脸，也有他们取得成果时因喜悦而绽放的笑容，还有他们出人头地时带着些羞赧的笑颜。

最令我的心灵受到触动的是一位客户的信任恢复项目。这位客户因合规性问题受到行政处分，并使公司面临生死存亡的危机。为此，我在这位客户的公司里组织了数次董事会集训，引导他们做了彻底的反思和总结。结果，在最后一次集训中，董事会全体成员真刀真枪地向董事长立下军令状：两年之内如果再出现同样的问题，他们所有人将引咎辞职。

我甚至获得了在客户方的全体员工大会上当着数千名员工的面讲话的机会，这让我有些无所适从，于是那次讲话带有比较明显的感情色彩。没想到效果还不错。当天晚上，客户方负责此项目的部长打电话过来哭着对我说："谢谢你啊，宇佐美先生。你真的让我们的公司发生了改变。"听到这话，我的眼泪也止不住地落下来。那一瞬间我发自内心地觉得，从事咨询行业真是太好了。值得一提的是，来找我的这位客户顺利恢复了公司对他的信任，重新投身于工作中。

我不是为上司工作，而是为客户工作——这种思维方式的改变驱动着工作方式的改变。如果我所做的工作能真正帮助到客户，那无论多么辛苦，我也毫无怨言。反之，若思维还停留在为上司工作的层面，那每天只会去想如何同上司做斗争了。所以，客户的笑容一定程度上成为决定工作优先级的标志。

我之前的很多客户后来出人头地了，所以他们称我为咨询顾问中的幸运星（当然，主要原因是他们本身就非常优秀，才会作为主管或成员来参与咨询项目），能帮助客户取得成果并出人头地是我最开心的事情。其中一位熟识的客户参与咨询项目之前还只是部门主管，后来晋升为经营企划负责人和常务董事；还有一位客户凭借完成"全产品型号更新"工作的出色业绩，用两年时间从董事升任常务董事，后来到咨询项目结题时，他已经成为公司的一把手。在庆功宴上，他那句"我坐上这个位子是波士顿咨询公司的功劳"至今仍让我难以忘怀。

此外，还有一位常务董事用两年时间将问题业务扭亏为盈，处于事业巅峰的他曾这样对我说道："问题业务的解决比我想象中更花时间，能取得这些成果都是托宇佐美先生的福。"这句话也成为我的宝藏之一。回首这些往事，我清晰地感受到，伴随客户的笑容一同成长，是咨询顾问最大的喜悦和乐趣。

将回顾往事获得的感悟输入大脑并精炼

在回顾微观层面关键事件的过程中，自己的基本价值观也随之浮出水面，但这离明确志向还有一定的距离。经验告诉我，只有将回顾往事获得的感悟输入大脑并加以提炼，才能有效萃取出志向。

即便对领导自我研修会而言，也需要事先花一些时间让自己安静下来，直面内心，并绘制出自己的人生曲线。这样才便于将回顾往事获得的感悟输入大脑并精炼，从而明确自己的志向。

分享人生曲线并相互反馈

借助人生曲线，我们在直面内心、深刻反思之后，下一步就是和团队成员分享人生曲线。我个人认为，以5~6人为单位相互分享，效率最高。

分享人生曲线的要领很简单。由其中一人讲解自己的人生曲线，其他团队成员一边听他讲一边在便利贴上写下自己的感想（如"原来他是这样的人""他竟然很珍视这件事"等），待讲解结束后，每个成员将便利贴贴在讲解者的人生曲线上并发表自己的评论，形成对讲解者人生曲线的反馈。

和他人分享自己的人生经历并相互反馈感想，是效果显著的团队建设手段，不实际参与一次，恐怕很难切身感受到这一点。

首先，此过程中，你会惊讶于自认为很熟悉的同事竟然有这样一段人生经历，同时反省自己之前对他们竟如此不了解。即便平时一起去喝酒，大家也不会谈论自己从幼年起经历了怎样一段人生旅程，加之也有"打听这些事情是不是不太好"的顾虑，所以最后发现，你其实并没有想象中那样了解你的同事。不过，心理学调查结果告诉我们：越了解对方，对其好感度就越高。而人生曲线的分享和相互反馈正具有这样的效果，可迅速缩短团队成员之间的心理距离。

例如，我在迅销集团组织大家进行人生曲线分享时，曾听到一位同事讲述他如何机缘巧合地来到迅销集团的故事。他原本在研究生院的博士课程中研究猴子的行为，根本没有考虑过投身商界。直到有一件事情触动了他，他才来到这家全球顶尖的消费品制造企业工作，成为迅销集团的一员。另一位同事则坦陈他很喜欢音乐，曾悄悄地将自己的演奏视频上传到视频网站 YouTube 上，于是当时在场的所有董事一起登录 YouTube 观看了那个视频。

通过聆听一个人的人生故事，你可以更立体地了解他。这时，他就不单单是工作中的他了，你们之间的亲近感也会一下子提高不少。虽然那两位分享自己人生故事的同事现在已离开迅销集团，但是我们仍保持着良好的关系。我觉得是因为那次对人生曲线的分享，让我对他们产生了发自内心的尊重和兴趣。

其次，反馈会带来自我肯定。当我在研修会现场询问学员们分享人生曲线的感想时，收获了这样的回答："我从来没这么认真地对待过自己的人生，也从来没有如此积极、充满活力。"我并没有发出明确、直接的指令，驱使他们去寻找积极的事物，当他们了解了他人以往走过的人生道路，将自然而然地产生对他人的尊重、对他人人生的积极反馈（当然，其中难免出现一些颇具建设性的严苛的反馈意见）。

试想，你自己都不屑一顾的人生经历，别人竟能全神贯注地侧耳倾听，还会将他们的感想真诚地反馈给你并给予积极的评价，你会有什么样的反应？这样的反馈会提升你的自我认同感，促使你建立"毫无根据的自信"（这一点非常重要），并对自己能实现那些如同痴人说梦般的志向深信不疑。

绘景

2001年艺术家谷泽邦彦先生（邦先生）和制作人长谷部贵美先生（贵美先生）为探索新的艺术可能性创立了白船公司。绘景是白船公司提出的与沟通和艺术相关的人才、组织变革技巧。2008年时，仓重英树先生[①]想建立日本前所未有的咨询模式，这样的愿景极大地吸引了我，于是我加入了SIGMAXYZ公司，而我与邦先生和贵美先生也是在这一年相遇。

在SIGMAXYZ公司的合伙人集训时，我才第一次接触绘景。这是一种在人内心深处（深层心理）进行深层次反思的有趣方法，令当时的我惊叹不已。邦先生、贵美先生以及SIGMAXYZ公司的斋藤立先生、木川瑞希先生（现任饮品品牌春水堂的董事长），经过反复试错、不断改进，

---

① 日本IBM原副总裁，现为软银电信总裁和SIGMAXYZ公司董事长。

终于成功售出第一个绘景项目。

在某些上市公司的经营团队中发生的事

第一个绘景项目的客户是关西的一家上市公司。这家公司为了在当时严峻的经营环境中存活下来,准备拿那些做着黄粱美梦的董事(部门的利益代表)开刀,改变他们的意识和行为。董事长意识到,必须在全公司范围内推行新的改革措施,于是决定组织绘景研讨会活动。

"没喝醉就把裤子脱了"

当天,管理层全体成员齐聚一堂,但第二专务董事早已怒气冲冲。"为何都这么大岁数了还要画画?"伴随着他刺耳的大声吵嚷,第一届面向企业的绘景研讨会就此拉开帷幕。

凭借贵美先生巧妙的控场和邦先生诙谐幽默的绘景手法介绍,现场气氛得以缓和,各位董事专心致志地进入绘景状态,我也一同参与了进来。

董事们相互分享了绘景作品并反馈感想,每个人吐露了其作品背后蕴含的思想。这时候大家才发现,原来每位董事都打心底里热爱公司、为公司着想。彼此的惊讶和相互尊重交织在一起,一心服务公司的强大正能量充满了整个会场,我不由得肃然起敬。在做研讨会的总结发言时,之前怒气冲冲的第二专务董事讲了这样一番话:

哎呀,是我错了,可谓"没喝醉就把裤子脱了"(话说得太早了)。虽然之前已参与过数十次管理层研讨会了,大家看上去似乎互相了解,但其实不然,这一点我心里跟明镜一样。可我真没想到,诸位对公司竟如此饱含深情,如此为公司着想。我相信,只要大家齐心协力,定能帮助公司克服眼前的困难。

这次绘景研讨会结束之后，那家公司的董事长给出了这样的评价：

管理层研讨会的质量发生了根本性的变化。以前参会的董事都是各部门的代表，他们孜孜不倦地维护其所在部门的利益，而现在，他们会更多地站在全公司经营者的立场上发言。此外，之前董事们几乎对其他部门的事务闭口不谈，现在也开始参与到其他部门的事务讨论了。老实说，一开始我对绘景的效果究竟如何持观望态度，现在看来，多亏研讨会中加入了绘景环节。

之后，为了将绘景研讨会中汇总的新战略融入公司的中期经营计划（以下简称"中计"），董事长亲自在公司发起了行为变革。他走遍公司所有的部门，和一线员工直接对话交流，助力"中计"在业务第一线顺利推行。而且，他还总是将董事们的绘景作品带在身边，便于随时将绘景研讨会发生的事情讲给员工听，同时也传达给员工他对待公司经营的认真态度。功夫不负有心人，该公司经历了残酷的重组和裁员，克服了种种困难之后，终于在全球化战略、M&A战略等新业务主线上再次绽放光彩。

绘景研讨会的具体过程

绘景研讨会持续时间约为四个小时。最开始的环节是鉴赏邦先生的作品，目的是消除不熟悉艺术的人的心理障碍。接下来就是实际绘景环节，参会者将就某一主题，用彩色粉笔在画纸上作画，借助这种方式表达自己的想法。之后的环节相对简单，主要是相互鉴赏彼此的作品，并反馈感想。

在这里，画作没有高下之分，要点在于随心所欲地将自己内心深处的想法绘制出来，因为刻意思考可能会得到带有设定感的画作。

我第一次绘制的画作带有箭头和星标，别人一看就知道是咨询顾问画的。虽然其中蕴含了我的真挚感情，但还是缺少一些更加深刻的反思。研讨会上老师们说最好别这样画，会被当作反面教材的。

在分享作品并相互反馈感想时，最大的收获是别人发现了我未曾了解的自己。这是因为用潜意识绘制出的画作，包含着很多自己未曾觉察到的内容，看了之后会对自己产生新的认识，"啊，我可能确实也有这样的一面"。

分享作品并相互反馈感想的另一个功效与人生曲线相仿，即能够提升自我认同感、放大创造团队"羁绊"的效果。这是因为在认真品鉴蕴含对方思想的画作，并认真洞察其中意味的过程中，相互间产生了感谢和尊重之情。大家在相互反馈感想后获得了积极向前的勇气。这些都实实在在提升了自我认同感，让大家确信自己原本就具有良好的领导力（可靠的领导能力）。

自我渴望

领导自我的最后一块拼图就是自我渴望的实体化和语言化。当别人冷不防地问"你的志向是什么？"的时候，你往往难以回答，或者你的回答很可能只是流于表面。

亚里士多德三要素

为了便于大家思考自己的志向，我将亚里士多德的沟通三要素改编为领导力三要素，它们分别是信念、专业性和共情。请先思考这三个方面的问题：

·信念方面：你认为自己的人生目标由什么指引？你的信念是什么？

·专业性方面：你的人生支柱是什么？你想以怎样的形象流传于世？

·共情方面：你想为他人和这个世界提供怎样的价值？

将从人生曲线、绘景中获得的启发加乘

借助人生曲线和绘景，深入回顾并反思以往的人生之后，想必你已经清楚自己最为珍视的事物是什么了，并将结论输入大脑加以提炼。由于人们平时很少会认真思考这方面的问题，而且你需要细细体会提炼过程中的所思所感，所以请务必给自己留出充足的时间。

归结于志向和渴望

最后要做的是将自我渴望语言化。

你在自己的人生中想实现什么？你依托公司这个平台想实现什么？回答这两个问题，你得从信念、专业性、共情三方面考察自己，并从人生曲线和绘景中获得启发。之后，请将你所有的思考输入大脑，静静聆听自己的心声。此时不能仅靠左脑思考，必须借助右脑来全神贯注地审视自己，做到这一点就离得出答案不远了。

自我渴望的分享和相互反馈

分享并相互反馈自我渴望的组织形式与人生曲线、绘景类似，由一人讲解自我渴望，其他人在便利贴上写出反馈意见。具体操作时，可将人生曲线贴在白板的上半部分，将自我渴望贴在下半部分，以便对照。

与人生曲线、绘景相仿，分享自我渴望并相互反馈也能显著提升自我认同感。不仅如此，在这个过程中，你的志向也将逐渐实体化——变得越来越清晰。而明确了志向的你，不会只停留在渴望（志向）本身，而是会行动起来。因此，分享自我渴望并相互反馈，还能促进项目参与者下定决心去实现志向，有效提升相互切磋钻研的效果。

前面我们运用人生曲线和绘景两种方法，在理解人的内心世界方面取得了进展。到这个阶段时，仅对志向加以肯定的效果已大不如前，人们需要的是他人给出的更具建设性的反馈意见，也就是相互切磋、钻研的结果。例如："如此短浅的志向与优秀的你可不相称"等。更进一步来讲，那些在实现志向上带给你勇气和鼓励的暖心话语，必然增强你将实现志向贯彻到底的决心。

用双螺旋结构激发自己和同伴的潜力

综上所述，用人生曲线、绘景、自我渴望三种方法将自我事业化与创造"羁绊"的效果相乘，得到的结果就是领导自我，这样的方程就是领导自我方程式。

借助这三种方法层层推进，以及图 2-6 所展示的双螺旋结构，可以充分激发自己和同伴的潜力，从而完成"培养前所未有的优秀的自己、培养伙伴、打造最强的团队"的目标。

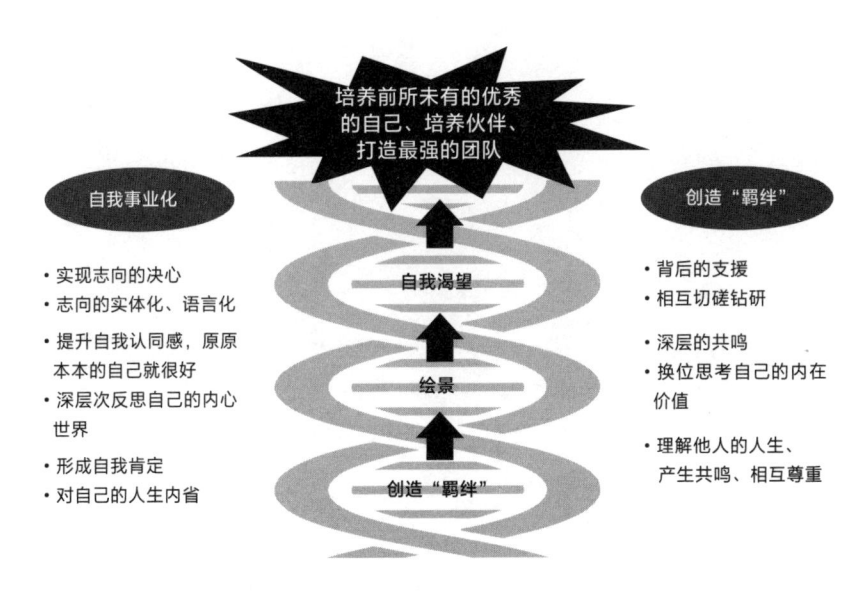

图 2-6　领导自我的双螺旋构造

自我事业化
- 实现志向的决心
- 志向的实体化、语言化
- 提升自我认同感，原原本本的自己就很好
- 深层次反思自己的内心世界
- 形成自我肯定
- 对自己的人生内省

创造"羁绊"
- 背后的支援
- 相互切磋钻研
- 深层的共鸣
- 换位思考自己的内在价值
- 理解他人的人生、产生共鸣、相互尊重

培养前所未有的优秀的自己、培养伙伴、打造最强的团队

自我渴望 → 绘景 → 创造"羁绊"

作为曾经的迅销集团（优衣库）人才培养机构负责人，我将在下一章中讲述那时的我是如何培养前所未有的优秀的自己、培养伙伴、打造最强的团队的。

第三章
优衣库人才培养体系

从 2012 年到 2016 年的四年时间里，我在迅销集团（优衣库）担任人才培养机构 FRMIC 的负责人。

本章将重点阐述两个问题：一是优衣库如何以创新为原动力实现快速成长；二是领导自我的根源，在于以志向为起点"培养前所未有的优秀的自己、培养伙伴、打造最强的团队"。此外，我还会谈谈领导自我的实践方法。

这里需要补充说明的是，本章内容大多源于公开信息和我在迅销集团的有趣经历，并未涉及商业机密。

全球第二大国际品牌

2019 年 8 月的财务年度结算显示，迅销集团（以下将使用优衣库来代表广义上的整个迅销集团）本财年的销售额为 2.3 万亿日元（比上年增长 7.5%），营业利润为 2576 亿日元（比上年增长 9.1%），其中销售额已超越 H&M，排名全球第二。

离实现柳井正先生"登上全球第一服装品牌宝座"的目标仅剩最后一只拦路虎，那就是坐拥 ZARA 品牌的 Inditex 集团。助推迅销集团实现业绩增长、追赶超越 ZARA 的动力引擎，主要包括几个方面：

• 规模超 1 万亿日元的优衣库海外业务（其中大中华地区业务约占 5000 亿日元）；

• 取得长足的进步（比上年增长 14.5%）的国内新兴业务（销售额为 8729 亿日元）；

- 成长中的 GU 品牌（比上年增长 12.7%）；
- 在国内成熟业务领域的坚持不懈。

正如本书开篇所讲，许多日本企业的业务基础都很坚实且有韧性。然而从全球化视角审视则会发现，在平成时代那失去的 30 年里，日本企业在全球价值创造的竞争中已经落于人后，而优衣库是其中为数不多披荆斩棘、取得显著业绩的企业。

改变服装、改变常识、改变世界
——在成熟的服装行业掀起产业革命

在一般人的认知中，服装行业是已经没有多少成长空间的成熟产业。

的确，从日本国内服装行业的角度看，它是成熟产业，但是放眼全球，你会发现它依然是方兴未艾的新兴产业。另外，日本国内服装行业一直沿用传统的后视镜型经营模式，已许久未进行大的革新。

来到这个夕阳产业成功发起"产业革命"（革新）的"搅局者"正是优衣库。我第一次见到柳井正先生时，就一下子被他的经营思想和人格魅力所折服。他领导的优衣库，正努力让"改变服装、改变常识、改变世界"这一经营理念淋漓尽致地体现在所有员工身上。而只有了解了优衣库走过怎样一条革新之路，才能真切体会到一切革新的核心原动力源于"培养前所未有的优秀的自己、培养伙伴、打造最强的团队"。

因此，我将用冗长的篇幅详细讲述优衣库的革新轨迹，还请各位见谅。

优衣库的革新轨迹

随着时间的推进，优衣库的销售额和门店数量的变化能够反映其革新轨迹。我以图 3-1 为依据加以说明。

服务理念的革新：自助

时间追溯到 1984 年，离昭和时代谢幕还有五年时间，优衣库 1 号店在广岛盛大开业。

优衣库 1 号店于早晨六点开业，据说当时还给很早来到门口排队的顾客派发了牛奶和豆沙面包。刚开始客流量并不理想，不过渐渐地人气越来越旺，甚至有出现危险状况的苗头。柳井正先生在电台直播中大声呼吁"人太多了，请别来了！"然而，呼吁之后人们愈加蜂拥而至，导致场面一度极为混乱，这也成了当时的新闻。

（亿日元）

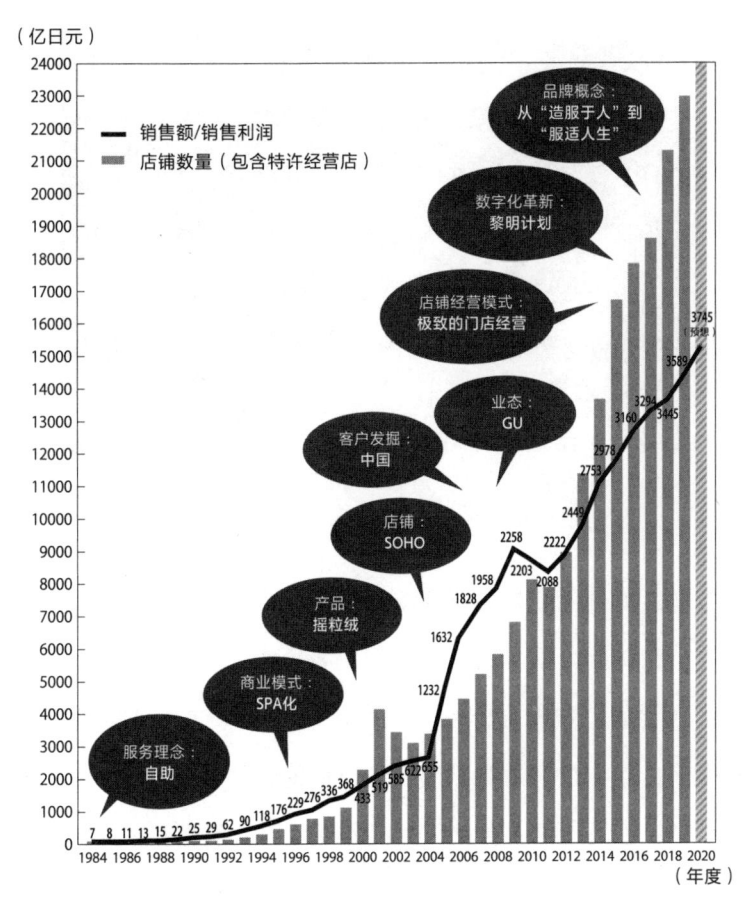

销售额/销售利润
店铺数量（包含特许经营店）

品牌概念：
从"造服于人"到"服适人生"

数字化革新：
黎明计划

店铺经营模式：
极致的门店经营

业态：
GU

客户发掘：
中国

店铺：
SOHO

产品：
摇粒绒

商业模式：
SPA化

服务理念：
自助

注1：图中从2002年度至2014年度记载的数据基于集团的统一结算。从2014年度起记载的数据基于国际会计准则（IFRS）结算。
注2：数据源于迅销集团的官网主页。各革新阶段的定义完全是个人见解，并不代表迅销集团官方观点。

图 3-1　伴随革新，迅销集团各品牌销售额、店铺数量的演变

从图 3-2 的照片可以窥见开业时顾客比肩接踵、争先恐后往店里挤的样子。店如其名，优衣库 1 号店正是一家服装商品"琳琅满目"的独特的服装仓库。

(照片由中国新闻社提供,《中国新闻》2014年6月3日晨刊)

图 3-2 1984 年 6 月 2 日早晨六点优衣库 1 号店在广岛盛大开业

优衣库能如此吸引顾客的关键在于它提出了"自助"的服务理念。柳井正先生在访问美国一所大学的消费者合作社时(有人说他去的是我母校哈佛大学的消费者合作社,但我并不确定),体验到琳琅满目的商品摆在眼前,而店员只适当给出合理建议的销售模式。这种销售模式让他眼前一亮,于是他把"自助"的服务理念引入了优衣库。

传统日本服装店的店员看到顾客进门时,会马上缠住他问这问那,导致顾客最后很可能购买的是门店想出售的商品,而不是自己想买的商品。"自助"服务理念瞄准此种情况下顾客未充分释放的需求,规避了传统服务模式使顾客产生的不满情绪,可谓秉承着"顾客至上"的原则。

在这样的门店里,顾客可从琳琅满目的商品中精心挑选自己想购买的服装产品,只有在有疑问或有困扰的情况下才需要店员给出建议。

商业模式的革新：SPA 模式

1995 年之前，优衣库以都市为中心拓展门店，业绩增长较为缓慢。而且，当时优衣库门店里销售的都是其他公司的产品，完全没有自主品牌的服装。说白了，那时的优衣库只不过是一个服装卖场而已，还没有成为服装品牌。

当优衣库意识到顾客至上的重要性，并从《经营理念 23 条》的第一条开始体现这样的经营理念时，自然就能得出"我们要制造顾客真正需要的服装产品"的结论。于是，自 1995 年起，优衣库与许多中国合作伙伴形成深层次战略同盟和共同成长、实现双赢的长期合作伙伴关系，以此为基础，优衣库向着 SPA 商业模式[①]跃进。

来自哈佛商学院的竹内弘高教授是 FRMIC 的副校长，经过与他通力合作、反复推敲后，我们制订出名为 FGL（future global leader，未来全球领导）的人才培养计划。FGL 中的一个重要环节，就是前往合作伙伴在上海郊外开办的工厂参观，并与其管理者交流。在访问过程中，我发现，优衣库的经营理念在工厂车间里体现得淋漓尽致，没想到他们竟如此严谨用心地对待缝制、熨烫和检验等工序，这份认真劲儿委实让我感动。

尽管表达方式有所不同，但对方老总的经营理念与柳井社长不谋而合，即同样秉承着以顾客为中心的经营哲学，这一点也从心底打动了

[①] SPA(Speciality Retailer of Private Label Apparel)模式，指的是自有品牌专业零售商经营模式，即从商品策划、制造到零售建立起来的垂直整合型销售形式。它由美国服装巨头 GAP 公司提出，之后被优衣库成功运用并推广。

我。这次参观访问，让我切身体会到由本质经营理念和经营哲学联系起来的合作关系，可谓难得的经历。这样的参观访问至今仍是 FGL 中评价最好的活动。此外，与合作伙伴结成的长期战略联盟不但有助于产品质量的提升，而且可将产业范围扩展到孟加拉国、越南、土耳其和印度等地，从而助力优衣库后顾无忧地向着 SPA 模式稳步发展。

产品的革新：摇粒绒的诞生

随着优衣库向 SPA 模式发展，产品革新应运而生。

20 世纪 90 年代后半段，优衣库与东丽集团形成战略合作伙伴关系，一同开发出了新型摇粒绒产品。

此前，摇粒绒服装仅仅应用于登山等特殊场合，其售价动辄数万日元，且只有限定的颜色可选，可以算是服装业亟待填补的"市场空白产品"。只花 1900 日元就可以在色彩丰富的摇粒绒产品中尽情挑选，听上去简直是痴人说梦，而优衣库就让这样的美梦成了真：通过产品革新，普通人就能穿着摇粒绒走在街上，度过一个温暖的冬天，掀起了所谓的"摇粒绒热潮"。

伴随着摇粒绒热潮的汹涌波涛和第一家市中心门店——优衣库原宿店的开业，优衣库使 2000 年超过 2000 亿日元的销售额，成倍增长到了 2001 年的 4000 亿日元。后来，这个千亿日元销售额规模的企业没有依靠并购就将销售额再次翻番，这已经超出一般的认知范畴。而做到这一点的优衣库，自然在产品革新方面得到客户压倒性的支持。

后来发生的事情想必诸位也耳熟能详：以与东丽的战略合作伙伴关

系为依托，优衣库在产品革新上一浪高过一浪，先后开发了发热内衣（Heat Tech）、超轻羽绒服（Ultra Light Down）、舒爽内衣（AIRism）等新的产品系列。这样的产品革新推动着优衣库的成长。

革新之路没有尽头，持续进行大规模革新绝非易事。想必在如今的优衣库，还能经常听到柳井正先生类似"请对 Heat Tech 产品再次更新换代吧"的要求。顺便提一句，柳井正先生在要求和激励下属时，必定会使用"敬语"，这反而更让人胆怯。

店铺的革新：SOHO 全球旗舰店

摇粒绒热潮正酣之时，优衣库原宿店于 1998 年开业。以此为开端，优衣库门店在不断发展。不过，当时优衣库门店的设计风格与如今的洗练雅致风格迥然不同。现在的这种设计风格并非源于日本本土，而是源于优衣库纽约 SOHO 店。

自 2000 年开始，优衣库打通了其海外扩张计划重要的一环——美国市场，并在新泽西州的购物中心里开设了第一家门店。然而在当时的美国，鲜有人知道优衣库这个品牌，导致其经营状况颇为惨淡。恰逢此时，一度准备关门的纽约 SOHO 店，为处理库存发明了"快闪"的销售形式，结果极大地提升了销量。

柳井正先生从这件事中感受到纽约的商业活力，于是萌生出一个很棒的想法。他建立了一支由顶级创作者和设计师组成的梦之队，并以这支梦之队为主导，在 2006 年打造出拥有全新标识和店面设计风格的优衣库纽约 SOHO 全球旗舰店。结果，开业当天门口就排起了长队，它也成为现今优衣库门店风格的设计原型。

我认为，正是由于将全球标志性门店设在美国而不是日本，才让如今的优衣库在世界范围内拥有如此高的接受度。从当初在新泽西州栽的跟头中吸取了教训，柳井正先生在未来全球化成长方面的慧眼和执行力委实让人敬畏。虽说在纽约的优衣库门店中名气最大的当属第五大道店，但我却更喜欢 SOHO 店，每次逛 SOHO 店时我都会暗自感慨：这里正是优衣库全球化之路的基石所在。

"客户发掘"的革新：中国业务

2019 年 8 月的财务年度结算显示，优衣库在大中华区（此处仅指中国内地、中国香港和中国台湾地区）的销售额达到 5025 亿日元，突破了 5000 亿日元大关，且大中华区的营业利润达到 890 亿日元（营业利润率为 17.7%），营业利润率甚至高于日本地区（11.7%）。

引领优衣库大中华区业务不断实现飞跃的，正是现任优衣库大中华区首席执行官潘宁先生。据说，潘先生加入优衣库的原委是这样的：

我从学校毕业之后就加入了优衣库。

在日本留学期间，我专攻商学部硕士课程中的金融和经济。在学习了一些与商业和经营相关的知识后，我总想到某一家公司去试试身手，看看自己从教科书中学到的知识是否实用。刚巧迅销集团在招募门店店长，于是我决定去参加面试，碰碰运气。万万没想到，当时的面试官正是柳井正先生。那是 1994 年，当时的优衣库还只是一家小公司，销售额还不到如今优衣库中国市场销售额的 1/3。而我当时对迅销集团和优衣库也知之甚少，甚至不知道公司总部位于山口县。当然，也有可能是我一直居住在东京，对东京之外的地区缺乏了解罢了。

于是，我前往山口县参加面试，在面试现场与柳井正先生相遇，他的一言一行带给我极大的冲击。用中国的说法来讲，当时的他不过是一家乡镇企业的老总，生活在周围除了山就是田的乡下。我惊讶于在如此偏远的地方，居然诞生了这样一家了不起的公司。柳井正先生所谈论的梦想宏大到令人难以置信。他并不会谈论"如何让优衣库成为一家出色的中小企业"这种话题，而是一张口就告诉我，他的目标是造就世界最大、最强的公司，希望我助他一臂之力。

……

听闻我的目标是成为首席执行官，他十分赞赏，对我说：来我们公司吧，这里有许许多多的机会，或许能帮助你实现目标。而那时的我也认为，这或许确实是一个好机会，于是欣然加入优衣库。

（资料来源：纪录片《这就是中国》，"潘宁：优衣库是如何在中国发展起来的？"）

随着潘宁先生在工作岗位上逐渐崭露头角，他在 2001 年被任命为优衣库开拓中国业务的负责人。那时中国的人均 GDP 还很低，考虑到顾客在经济方面并不十分宽裕，潘先生决定在中国出售与日本优衣库截然不同的产品。

然而，这样的营销策略并没有起到很好的效果，反而导致优衣库在中国的业务出现倒退，潘宁先生也因此暂时返回日本。回日本之后，他一直在卧薪尝胆，等待东山再起。直到2005年柳井正先生终于又给了他一次机会，任命他为优衣库中国香港地区的业务负责人。

到了香港，他绞尽脑汁思考如何让优衣库在香港的业务取得突破。有一天，他在出租车的电台广播里听到"中国约有一亿人会在国庆节假期出门旅游"的新闻，茅塞顿开。

此前，他将缺乏购买力的普罗大众作为目标客户，现在他终于意识到自己的想法是错误的。中国的新兴中产阶级正在崛起，优衣库应以他们为目标客户才对——这可谓"客户发掘"革新的关键。

以我个人的观点来看，中国香港是检验以中产阶级为目标客户的业务假设的最佳场所。之前虽然顾客们对优衣库的服装产品颇有微词，但从来没人把"便宜没好货"的评价放在优衣库头上。因此，潘宁先生将优衣库在日本地区的商品原封不动地带到香港，并将其定位为来自日本的国际品牌，同时给出比日本力度更大的价格优惠，终于取得了巨大成功。

之后，他以中国香港的成功模式为基础，再次进入中国内地市场，并迅速发展起来，成功使优衣库大中华区业务实现高利润增长，达到如今5000亿日元的销售额和18%的营业利润率。

当然，取得这样的成绩不仅要依靠合理的市场定位，更应该归功于在面对开设分店、培养人才、市场营销和电子商务基础设施建设等堆积如山的问题时，满怀理想和热情、专心致志认真工作的优衣库大中华区的全体员工。

不过，我个人认为，这次成功源于潘宁先生的"客户发掘"，以及柳井正先生的慧眼识人和宽宏大量。正是因为柳井正先生一直关注着一度失败的潘宁先生，并将他提拔为优衣库中国香港地区的业务负责人，才铸就了今天优衣库在中国的良好局面。

业态的革新：极优（GU）的诞生

优衣库的低端品牌极优（GU）诞生于2006年。在2019年8月的财年结算中，其销售额增长至2387亿日元，其中营业利润为287亿日元（营业利润率为11.8%）。创立15年的GU如今的销售额占迅销集团整体的10%，成为迅销集团一大业务增长引擎。人称"GU之父"的柚木治先生，早年提议成立经营蔬菜业务的FR Foods子公司并亲自挂帅管理，没想到FR Foods经营失败，给优衣库造成8亿日元的巨额亏损[1]。后来他在访谈中讲到了当年他带着辞呈去找柳井正先生时的趣事：

我决定承担责任，向公司辞职谢罪，便把辞呈藏在胸前，去柳井正先生办公室汇报工作。结果，他见到我开口第一句就说："柚木，你该不会想从公司辞职吧？亏损的钱可要还清啊！"我听罢，辞职的念头顿时烟消云散。

那是2004年6月我39岁时发生的事情，至今令我难以忘怀。经营失败导致我的自信心受到很大打击，原本心气十足地以"成为经营者"为目标，这么一来，整个人一下子泄了气，于是暂时转入市场营销部和人事岗位工作。

---

[1] 出自东洋经济在线《优衣库挑战蔬菜和鞋之后的"事不过三"》。

之后，公司任命我担任子公司 GOV Retailing（就是现在的 GU）的副总裁，成了如假包换的经营者。上任前，我坦率地向柳井正先生表示"自己对担任管理者没有自信……"，他听了以后这样说道："你说什么呢？因为自己管理的公司倒闭了一次就丧失了自信？"听闻此言我幡然醒悟，为自己草率的想法感到羞愧，于是决定欣然接受此次任命。

（资料来源：《挑战》杂志，"GU 董事长柚木治 卷 10"）

柚木先生在 GU 岂止做到了半泽直树的"加倍奉还"——在 2019 年 8 月的财年结算中，GU 的营业利润已经达到"300 倍奉还"的水平。

不过，GU 的业务开展并没有那么一帆风顺。柚木先生在 2010 年就任 GU 总裁，在此之前，GU 只能用"优衣库七折价格的'普通商品'"这样模糊的品牌概念来形容，其经营业绩也颇为低迷。尽管"990 日元"牛仔裤这样具有冲击力的王牌产品也曾在短时期内引领潮流，不过其势头未能长久、持续。

GU 的根本优势在哪里？在市场上应该如何定位？柚木先生一直在苦思冥想这两个问题，后来他逐渐提炼出 GU 独有的品牌概念（GU 现今的品牌概念是 your freedom，即带给自己新自由），并使品牌概念通过电视广告和数字市场营销联动，赢得了顾客的广泛支持，最终顺利实现营业利润"300 倍奉还"。

想在优衣库这样的服装品牌巨轮中创立新业态品牌绝非易事。GU 之所以能够在优衣库内部成功实现业态革新，主要得益于以柚木先生为首的全体 GU 员工的齐心协力。柚木先生带着辞呈去见柳井正先生时，如果他未能从柳井正先生的斥责中获得鼓舞，那么或许也不会有今天的

GU 了。

不过，在优衣库向着后文中提到的服适人生（LifeWear）理念持续发展的过程中，GU 的业态和定位该如何随之变化？——这一问题将成为困扰 GU 的长久挑战。

店铺经营模式的革新：极致的门店经营

在 2014 年 3 月的迅销集团全球大会上，柳井正先生发表了宣言，称迅销集团将从店长主导的连锁店模式向店员主导的门店经营模式转变[①]。在此背景下，门店运营所需的基础设施，自然还是服从平台共享，各门店将依托平台植根于不同地区，在经营过程中努力成为本地区顾客最喜爱的服装店——这将成为优衣库在成熟化日本市场中存活并发展的核心战略。

伴随着经营模式的转变，优衣库宣布会将"1.6 万余名临时工转为正式工"。这仅仅是一个开始。优衣库还将完善员工晋升为经营者的职业通道。为了促进员工顺利进入这样的职业通道，有必要改革员工教育，而 FRMIC 就引领了新型员工教育的设计与实践工作。

2019 年 6 月被提拔为优衣库日本业务首席执行官的赤井田真希女士，在优衣库内部有着店员主导门店经营的"实践第一人"之称。赤井田真希女士从学校毕业进入优衣库工作时，刚巧是摇粒绒热潮达到顶峰的 2001 年。随后，她在门店运营中逐渐崭露头角，不仅担任过优衣库

---

① 详细内容请参考《日经商业》中的文章《优衣库大转变》，2014 年 3 月 24 日。

银座店店长，而且在中国创立了新门店，之后担任过人事部部长和全球市场营销部部长等职务，在门店运营之外的领域也积累了丰富经验。此外，她还曾在我手下担任 FRMIC 的部长，在员工教育改革方面取得了很大成果。

赤井田真希女士从 2018 年 3 月起，开始担任吉祥寺店的店长。吉祥寺店是地区门店的经营标杆，她在任时，提出了"人、城市、伴随生活的共存共荣"的基本方针，为优衣库确立门店经营模式下一阶段的发展目标做出了巨大贡献。

赤井田真希女士的职业道路绝非坦途，就像她的座右铭"99% 的失败造就 1% 的成功"，职业道路上的难题可能会令人碰得头破血流。但还是得继续迎难而上，这样最后才能取得满意的成果。她的想法正好和领导自我的精神不谋而合。

赤井田真希女士在我手下任职时，我就发现她是很了不起的一个人。她具有和他人打成一片的热情、坦率承认自己能力有限的谦虚、强烈的自我提升意愿，以及乐观主义精神（沉着冷静、遇事不慌）。虽然让优衣库在成熟的国内市场上取得进一步增长是一个相当大的挑战，但我期待着作为"实践第一人"的她，能够以门店经营模式为主轴，将优衣库日本国内的业务推向新的高度。

数字化革新：黎明计划

优衣库在 2015 年启动了公司内最重要的项目——数字化革新之"黎明计划"。2017 年，以在优衣库黎明仓库 6 层设立项目总部为契机，

"黎明计划"全面铺开。该项目旨在利用数字化手段，彻底改善顾客体验和供应链，达到向信息化制造零售业转型的目的。这些数字化转型的开创性举措，如今已在日本流传。

"不制造无用的东西，不运送无用的东西，不销售无用的东西"，从这样的标语中就可以看出，在向信息化制造零售业转型的过程中，物流行业发挥着重要的作用（图3-3）。迅销集团通过与大福公司合作，用不到两年的时间，成功将黎明仓库建成电子商务专用的完全自动化仓库，极大地推进了"黎明计划"的开展。

引领这次物流改革的是担任供应链首席执行董事的神保拓也先生。实际上，在FRMIC时期，神保拓也先生也是我的下属。可以说，他、越川康成先生（现任apcompany公司执行董事）和我三个志同道合的伙伴一起缔造了FRMIC，神保拓也先生现仍不满40岁，可谓年轻有为。

一开始，我并没有发现他身上的闪光点（说起他的特点，只能想到他和田中裕二很像），然而在领导自我后，他听从自己内心的声音，明确了自己人生中想要实现的志向是"用结构化的方法改变世界"，进而成功转变为自驱型人才。

无论是聚集了来自世界各地的5000余人的迅销集团全球大会的方案设计和执行，还是总裁直属项目的开展，神保拓也先生工作时的思想和热情让团队成员深深地产生了共鸣。他不断带来变革的卓越领导力，也带给了优衣库显著的业绩成果。于是，在我离开迅销集团后不久，他就被提拔为执行董事。

```
                不制造无用的东西，不运送无用的东西，不销售无用
                                的东西
```

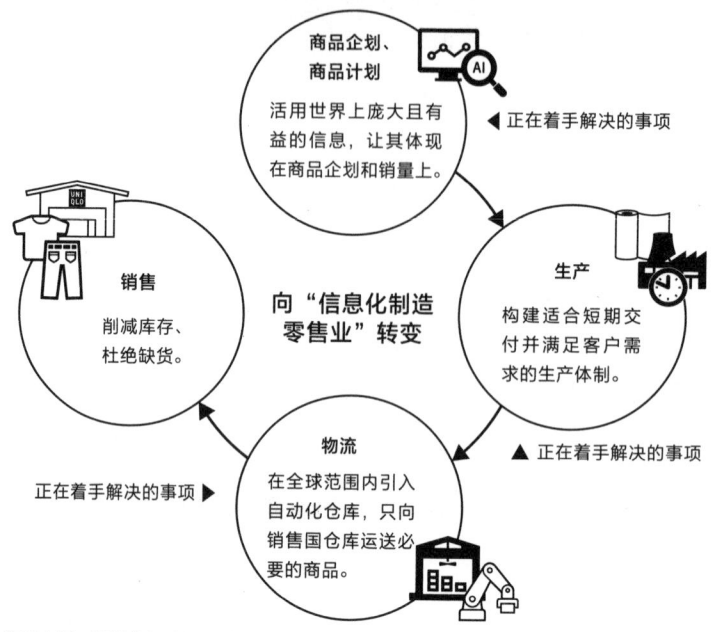

                    商品企划、
                    商品计划
                                        ◀ 正在着手解决的事项
                 活用世界上庞大且有
                 益的信息，让其体现
                 在商品企划和销量上。

         销售   生产
                    向"信息化制造
      削减库存、   零售业"转变   构建适合短期交
      杜绝缺货。   付并满足客户需
                                           求的生产体制。

                        物流   ▲ 正在着手解决的事项
       正在着手解决的事项▶ 在全球范围内引入
                     自动化仓库，只向
                     销售国仓库运送必
                     要的商品。

资料来源：迅销集团高层访谈——"黎明计划"开始见效

图3-3　"黎明计划"：向信息化制造零售业转型

神保拓也先生之前并没有供应链方面的工作经验。所以，当听到他被指派为供应链执行董事时，我大吃一惊。然而，他用实际成果证明了"用结构化的方法改变世界"的志向与供应链领域简直是"天作之合"，柳井正先生看人真是有一套。

看到以前的下属有如此明显的成长，尤其是现在已经完全超越了我，自称"能带来好运的咨询顾问"的我也打心底为他感到高兴。

品牌概念的革新：从"造服于人"到"服适人生"

关于革新的最后一个方面，我想谈谈品牌概念的革新。

加入优衣库之后，我遇到了很多令人惊讶的事，其中之一就是当时提出的名为造服于人（Made For All）的品牌概念。由于我长年在咨询界打拼，很清楚战略咨询的定式是先对顾客进行市场划分，从中确定细分市场，随后深入分析细分市场中的顾客需求（包含未满足的需求），最后拿出帮助顾客战胜竞争对手的方案。

然而，造服于人的概念本身就改变着战略常识。如果以所有人为目标顾客，往往只能制造出对任何一个细分市场而言都属于中庸之流的产品，从而很可能导致失败。但优衣库至今为止的发展轨迹，恰恰说明了它是一个例外。作为极致的日常服装和基本休闲装品牌，它不仅在日本获得了成功，而且得到世界上许多人的认可，可谓在服装业独树一帜。

在继承"造服于人"的基本思想的同时，优衣库将品牌概念进一步延伸为服适人生（LifeWear）。2019年8月的财年结算发布会上，柳井正先生就"服适人生"讲了如下一番话：

"服适人生"是指能让所有人的生活更加舒适、更加丰富多彩的服装。这样的服装要具有美学的合理性，简约、质量上乘，并且充满细节上的考量。虽是日常穿着，但会基于生活需求设计并不断发展，"服适人生"是"极致的日常服装"。

就像在日本会用"西服"这个词一样，现在许多国家流行的服装大多数诞生于西方社会。说起服装的发展史，最初，服装的主要作用是保护身体。之后，王公贵族、官吏、军人和僧侣穿着的服装是一种身份的象征。再往后，随着时代的发展，服装的功能发生了变化，逐渐成为时尚的表现方式并在世界范围内流行。

但是近年来，我认为，人们在服装上所追求的价值正持续发生显著的改变。一味追求物质生活的丰富的时代结束了，人们在服装上追求的价值，已经超越了"时尚象征"和"装扮元素"的概念，开始以"为高品质生活而生"为目标并不断发生巨变。而具体体现这一概念本质的产品形式就是"服适人生"。

我认为，简约、完成度高的服装产品——"服适人生"的理念——在如今世界服装的流行浪潮里已经站在了最前端。

（资料来源：迅销集团 2019 年 8 月财年结算发布会）

2014 年，世界级创作者约翰·杰伊终于回应了柳井正先生长年的盛情邀请，以全球创意总监的身份加入迅销集团，从而将"服适人生"的理念推向了更高的层次。约翰·杰伊是一位入选全球最具影响力的 50 位思想家的杰出才俊。

我之前并没有从事过创意方面的工作，所以没怎么和他接触。但是他曾积极参与过 FRMIC 组织的活动，如上文中提到的青年经营者培养计划和迅销集团全球大会等。

约翰·杰伊先生不仅是一流的创作者，他还对培养人才饱含热情，的确是非常了不起的一个人，我瞬间成为他的超级粉丝。他在 FGL 研讨会上所做的关于深层次创意本质的讲座已成为一个传说。最近他受 *POPEYE* 前主编木下孝宏先生之邀担任了首席执行董事，并于 2019 年

8月创立了杂志 *LifeWear magazine*，以促进"服适人生"理念进一步升级。

我十分期待优衣库的服装以"服适人生"为核心理念持续发展。

革新的根源在于领导自我

以上提到的优衣库革新轨迹及由其驱动的业务成长的根源，都在于"人"。柳井正先生自不必说，另外还包括大中华区的CEO潘宁先生、GU社长柚木治先生、优衣库日本地区CEO赤井田真希女士，还有担任供应链首席执行董事的神保拓也先生，我讲述的优衣库革新过程中总是有他们的事迹。

他们每个人都雄心勃勃且百折不挠，坚定地实现自己的志向，即便遭遇失败也会静待时机东山再起。他们的想法和热情使同伴、下属甚至外部合伙人都产生了共鸣，从而齐心协力掀起滔天的革新巨浪，取得巨大的成果。这正体现了优衣库"经营者"的领导自我，成功实现了"培养前所未有的优秀的自己、培养伙伴、打造最强的团队"的目标。

优衣库对"经营者"的定义

在优衣库的字典里，"经营者"一词有其独特含义，蕴含着优衣库人才组织架构的基本思想，即"全球一体，全员经营"。

在绝对强势的全球化进程中，只由一位经营者来指导、引领全球业务是难以实现的。再怎么优秀的领导者，靠他一个人能做到的事情也有限。所以，应当充分发挥一线人员的智慧，用全员的力量找出最优解，再借助全员的力量进行决策并执行。只有经历这个过程的企业才有可能在世界市场中杀出一条血路。

基于这种"全球一体，全员经营"的思想，在优衣库，除了董事是理所当然的经营者，还会要求每一位店长、店员都成为"经营者"。例如，柳井正先生的职责范围是迅销集团整体，而对于在东京吉祥寺店负责女士外套的店员而言，他的职责范围就是吉祥寺店的女士外套部分。尽管职责范围有所不同，但从作为经营者需要的能力方面来讲，对柳井正先生和店员的要求是相同的。

分形组织

我用分形组织来形容优衣库"全员经营"的思想。

分形组织又叫相似形组织。如图3-4所示，相似形是指整体和构成整体的部分在形状上相似，例如自然界中蕨类植物的叶子。

我是野中郁次郎先生所主持的知识论坛的第8期学员。野中先生曾做过军队组织架构研究，他在演讲中提到，有"史上最强组织"之称的美国海军陆战队，采用的并不是简单的层级结构，而是类似上文中提到的分形组织结构。优衣库用的正是相同的组织结构！——我现在还能清晰地记得我听到这个结论时的兴奋劲儿。这种分形结构的优势在于，即使师团被敌人分割，各部分也能自主作战，灵活、机动地应对各种情况。

图片来源：istock

图片来源：盖蒂图片社（Getty Images）

- 在职责范围之外，对集团CEO柳井正先生和店员的其他能力要求是相同的。
- 有"史上最强组织"之称的美国海军陆战队也采用了分形组织结构。
- 即便师团被敌人分割，也能自主战斗。

图 3-4 全员经营犹如分形（相似形）组织

不过，形成这样的组织形式并不是一蹴而就的。只有当组织成员都开始自主思考和行动时，分形组织才具有它的意义，即分形组织的成员需要成为"自驱型人才"。正如第一章所述，成为"自驱型人才"的根源在于领导自我。

美国海军陆战队将"步枪兵信条"灌输给了每一名士兵，并使之成为他们的行动准则，就像其中"你并不是加入海军陆战队，而是成为其中一员"这一句所要求的那样，只有人人自律自主、全员协同战斗的组织才能被称为最强组织。2019 年在橄榄球世界杯上，日本代表队的表现同样印证了这一点。

《经营者养成笔记》

为实现优衣库"全员经营"的理念，每名员工都需要拜读领导自我、成为"经营者"的《经营者养成笔记》。之前，迅销集团内部有将柳井正先生的经营哲学汇总而成的《经营理念23条》，其中第一条至第七条是较早时期总结的，之后伴随着迅销集团的成长逐渐扩充到23条。

《经营理念23条》倾注了柳井正先生带有强烈个人色彩的思想，以至于曾传出这样真假难辨的逸闻：某位外部的有识之士觉得23条实在太多，建议柳井正先生将条目缩减，结果柳井正先生再没理过他。

在培养"经营者"已成为集团当务之急的背景下，我于2011年下半年参与创作《经营者养成笔记》，目的是在继承《经营理念23条》基本思想的同时，实现真正的"全球一体，全员经营"，助推优衣库成为全球第一品牌。

我在2012年以FRMIC负责人的身份加入公司，柳井正先生首先交给我的任务就是"为了让销售额在2020年达到5万亿日元，使优衣库成为世界第一品牌，请您培养200名'经营者'吧"（这里的"经营者"是狭义上执行董事的意思）。当时优衣库的销售额仅有1万亿日元，执行董事只有40人。基于极为简单的乘法计算原理，销售额翻5倍的确需要200名执行董事。于是，把《经营者养成笔记》生动形象地展现在每一位董事和员工眼前，成为我当时最重要的任务。

《经营者养成笔记》其实并不是一本书，而是我做的汇总，其中记录了自己的思考、学到的知识、我和柳井正先生的对话、我和自己的对话等，可谓一本讲如何成为经营者的自创指南。在优衣库有趣的一点是：你记笔记的数量、使用笔记本的频率与你的身份和地位直接相关。据我所知，笔记本使用频率最高、记笔记的数量最多的人是在2019年成为优衣库日本地区CEO的赤井田真希女士。

我在《经营者养成笔记》的最后写下了这样一句话："这本笔记的使用方法——让现有部分成为前言。"

而我的心愿是，让这本笔记成为每个员工超越柳井正先生的跳板。

推荐"百读"的内容

《经营者养成笔记》作为优衣库秘而不宣的经营者培养指南，一直以来都是在公司内部进行编号管理的。但经营的原理、原则对于古今东西是普适的、相通的，所以柳井正先生还想将其推广到优衣库之外，在更广的范围内让更多的人受益。

于是，这本笔记自2016年起开始在市场上销售，成为商业管理类书籍中的畅销书。市售版除"后记"之外，其他内容均与原版相同，它也成为我做讲座和研讨时的必读书籍。我建议还没读过这本书的人去"百读"它，而不是看一遍就完事。

回想《经营者养成笔记》正式发售的时候，柳井正先生半开玩笑地对员工们说："我一直跟你们说这本笔记要读100遍才行，可你们都不怎么上心，所以没办法，我只能把它拿到市场上销售了。"当时作为人才培养机构负责人的我在旁边听得直冒冷汗。

从优衣库离职时，自用的那本《经营者养成笔记》原本也必须归还公司，但我真的舍不得与它分别。于是，到柳井正先生办公室告别之时，我恳求他："这是我的宝物，能让我带走吗？"因为我平常自用的是市售版本，所以柳井正先生爽快地答应了我的要求，并在上面签名留念（图 3-5）。于是，这本序号为 00039、沾满我手上的污渍的《经营者养成笔记》，成为宇佐美家的传家宝。

> 这是一本讲如何成为经营者的自创指南，记录了自己的思考、学到的知识、我和柳井社长的对话、我和自己的对话。

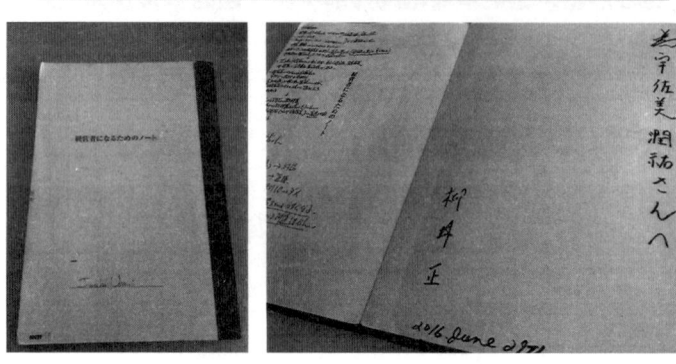

"我的心愿是，让这本笔记成为你超越柳井正先生的跳板。"（这本笔记的使用方法——让现有部分成为前言——此致）

摄影：我（宇佐美润祐）

图 3-5　《经营者养成笔记》

经营者是取得成果的人

《经营者养成笔记》极为简洁、直接地从本质上定义了何为经营者：经营者就是"取得成果的人"。换一种表达也可以是"经营 = 行动"。在优衣库，有很多人和我一样是从咨询行业转行半途加入公司的。另外还有不少大学老师为优衣库出谋划策。

在会议讨论中，柳井社长当着我们这些人的面这样说道："咨询行业出身的人和大学老师个个巧舌如簧，却完全不了解实际工作，这让我很头疼啊。"像这样的尴尬场面我们已经历过多次，只得苦笑。如前文中"战略的质量和成果悖论"一节所述，在战略咨询领域深耕 20 年的经验告诉我：就算制定的战略再怎么正确，也未必能取得成果，关键还得靠行动。柳井正先生对实践工作的担忧，可谓正中要害。

另外，关于行动，柳井正先生常说的一句话是"一成靠计划，九成靠实践"。原因在于，即便按照战略咨询行业的传统模式那样，花几个月时间制定战略，你仍旧处于 VUCA 状态，很可能因为战略制定的过程中环境因素发生变化导致战略失效。

近来，融合了设计思想的创新方法论备受瞩目，其中有一种名为 Fail Smart 的思维方法。Fail Smart 指的是在原型开发过程中，通过不断迭代促使创新方法论不断进化，它与"一成靠计划，九成靠实践"的思想可谓同根同源。不过早在设计思维尚未受到重视之前，优衣库就开始高举"以顾客为中心；一成靠计划，九成靠实践"的大旗向前迈进，同时优衣库还在不断思考，坚持不懈地用"一胜九败"不断迭代来助推自身发展。

经营者必须具备的四种能力

既然经营者就是取得成果的人，那么要想取得成果必须具备哪些能力呢？《经营者养成笔记》中明确了如下四种必备能力（图 3-6）：

- 变革的能力（创新者）
- 赚钱的能力（生意人）
- 建设团队的能力（领导者）
- 追求理想的能力（为使命而生的人）

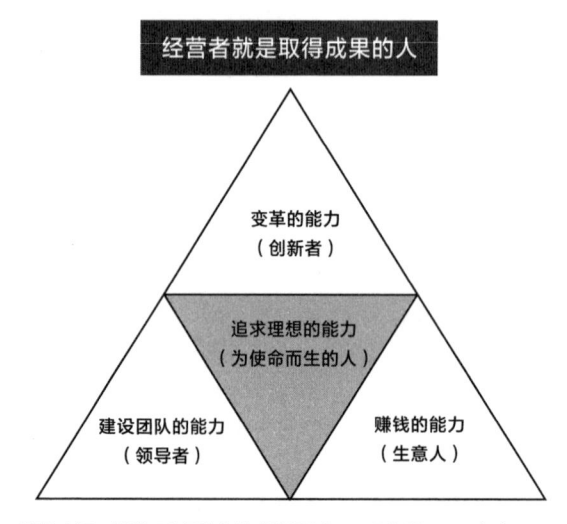

经营者就是取得成果的人

```
              变革的能力
              （创新者）

              追求理想的能力
              （为使命而生的人）

建设团队的能力              赚钱的能力
（领导者）                  （生意人）
```

资料来源：柳井正《经营者养成笔记》（PHP研究所，2015年）

图 3-6 经营者必须具备的四种能力

详细内容请阅读《经营者养成笔记》。在这四种能力中，"追求理想的能力（为使命而生的人）"是居于中心地位的关键能力。《经营者养成笔记》中讲道：我们需要将自己的社会存在意义、使命与志向同步，并将其融合为"挑战人生"的生活方式（"追求理想的能力"第七项）。《经营者养成笔记》中的核心思想恰恰与本书提出的领导自我不谋而合。

至此，我介绍了优衣库的人才培养支柱——《经营者养成笔记》一书的主要内容，接下来我将立足于此书的内容，具体介绍我在优衣库时如何践行"培养前所未有的优秀的自己、培养伙伴、打造最强的团队"。

培养前所未有的优秀的自己

不变则亡

每年元旦时,优衣库会将公司的年度工作方针发送给全球所有员工。之前某一年的年度工作方针中的点睛之句"不变则亡",至今仍经常被提及。

没弄清因果关系的外籍员工,突然听到这句话时往往会吓一跳,但"不变则亡"的确是优衣库经营的立足点。在"优衣库革新轨迹"一节中,我详细叙述了由优衣库引领的诸多革新,可以说优衣库正是在印证"不变则亡"的过程中成长起来的。

"不变则亡"的思维方式同样适用于优衣库的人才成长。只有经营者不安于现状,想要持续成长,才能为公司带来持续不断的革新。"变革引领者＝取得成果的人＝经营者",他们并不会在某个地方停下脚步,他们始终追求的是"培养前所未有的优秀的自己"。

【专栏】人真的能够改变吗？

▎大脑的可塑性

别人经常这样问我：人有那么容易改变吗？我告诉他们，完全不用怀疑这一点，人当然是会变的。传统观点认为，人的智力在 20 岁左右达到巅峰。然而随着脑科学研究的发展，科学家发现，大脑在人的一生中都具备持续适应的能力，他们称这种能力为大脑的可塑性。

▎人类智力的三个阶段

哈佛大学的罗伯特·凯根教授在《人和组织为什么不会改变？》中分析了人类智力发展过程中的三个阶段（图 3-7）。我们通常意义上说的领导者，应属于图中的第二阶段——具有自我主导型智力的领导者。不过，凯根教授认为，在此之上还存在自我改观型智力阶段，这才是人类智力的最高峰。

凯根教授的调查结果显示，在美国一些具有代表性的大企业里，具有自我改观型智力的首席执行官只占 20%。而只有具备这一点的领导者，才能够做到"培养前所未有的优秀的自己"。

大脑的可塑性与哈佛大学凯根教授总结的人类智力发展的三个阶段

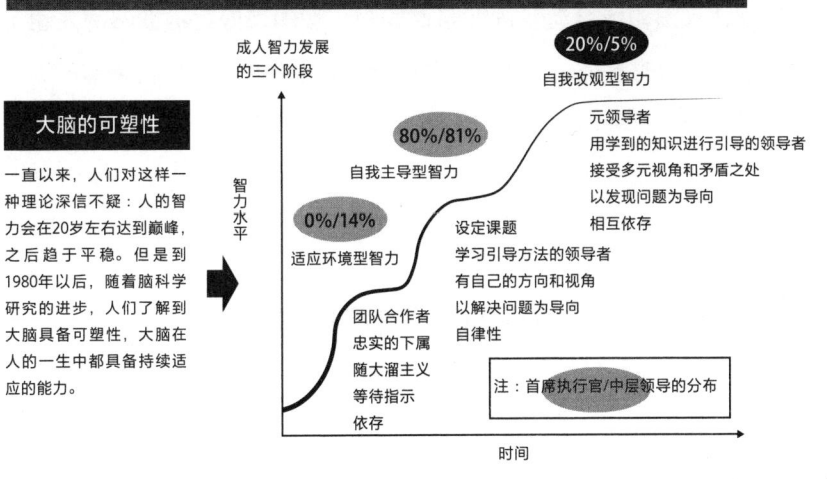

大脑的可塑性

一直以来，人们对这样一种理论深信不疑：人的智力会在20岁左右达到巅峰，之后趋于平稳。但是到1980年以后，随着脑科学研究的进步，人们了解到大脑具备可塑性，大脑在人的一生中都具备持续适应的能力。

成人智力发展的三个阶段

智力水平

0%/14% 适应环境型智力

80%/81% 自我主导型智力

20%/5% 自我改观型智力

元领导者
用学到的知识进行引导的领导者
接受多元视角和矛盾之处
以发现问题为导向
相互依存

设定课题
学习引导方法的领导者
有自己的方向和视角
以解决问题为导向
自律性

团队合作者
忠实的下属
随大溜主义
等待指示
依存

注：首席执行官/中层领导的分布

时间

资料来源：《人和组织为什么不会改变？》，罗伯特·凯根、丽莎·拉斯科·莱希著，池村千秋译，英治出版社，2013年

图 3-7　人真的能够改变吗？

打破常规的意义

我很喜欢一位名叫中村勘三郎的歌舞伎演员。他曾在电视访谈中说过这样妙趣横生的一段话："在歌舞伎行业有一个术语叫'型破'，指的是歌舞伎演员一旦有了贴合自己的原型形象，就需要打破它。然而，对那些没打好基础、未确立自己原型形象的歌舞伎演员来讲，勉强'型破'只是在刻意地标新立异而已。"他的这番话至今在我的脑海里印象深刻。

对于在平成时代的歌舞伎界引发多次革新的中村勘三郎而言，他一定在心中完成了从自我主导型智力到自我改观型智力的"型

> 破"。《野田版鼠小僧》的最后一幕里，从舞台深处突然透出来的光线让人不由得眯起了眼。与此同时，纽约市警察的突然闯入也吓破了观众的胆——这就是我最后一次观看勘三郎歌舞伎表演时的场景。

我都做了哪些事

树立高远的志向

在优衣库工作时，你会经常听到一个词，次数之多甚至会让你听到耳朵长茧，这个词就是"志向"。在《经营者养成笔记》中，"变革的能力"共包括七个方面，排在最前面的就是"抱持高远的志向"。

这一项是这样写的："用常识所无法想象的目标"（志向），才是革新的源泉（也是自己成长的源泉）。为了在工作中取得巨大的成果，为了"培养前所未有的优秀的自己"，需要首先切实、具体地描绘出自己的志向和愿景。

志向！志向！志向！

在优衣库工作，你经常要直面这几个问题：你是谁？你的志向是什么？你在人生中、在优衣库想要实现什么？

不光柳井正先生和你的上司会问，有时候你的下属会问，到后来，你也会这样问自己。身处如此环境氛围下，你的目标也将渐渐清晰起来。倘若目标含混不清，自然没法明确目标的实现路径，导致最终仅停留在粗浅、模糊的认识层面。因此，对这些问题做出满意回答的关键点在于：果断干脆地明晰自己的目标（哪怕感觉自己尚不相信、感觉自己在说谎也没关系），描绘出实现目标的具体步骤和路径，然后大胆实践。

要学会说大话——3倍法则

为了能"提出不合常理的目标"，柳井正先生经常鼓励我们"**要学会说大话**"，于是在优衣库内部流行起了"3倍法则"。3倍法则指的是如果实现了某个目标，就将这个目标的至少3倍设定为下一个目标，这个看似根本不可能实现的新目标，可能是孕育革新的契机。

柳井正先生可没有只停留在说大话的层面。当优衣库的销售额只有100亿日元时，他以300亿日元为目标；当销售额达到300亿日元时，他以1000亿日元为目标；当销售额突破1000亿日元时，他以3000亿日元为目标；当销售额升至3000亿日元时，他又以1万亿日元为目标。每当他按照3倍法则订立目标的时候，想必也听尽了周围人诸如"他在说大话""这肯定做不到"之类的风凉话。不过，柳井正先生并不为这些言语所动，坚持改变惯性思维、发起产业革命，给优衣库带来了持续不断的革新，最终成功实现了这些目标。如今，优衣库的销售额在2万亿~3万亿日元，坐上了全球第一把交椅。

"3倍法则"在优衣库被奉为圭臬。说句题外话，我刚加入优衣库时，优衣库的销售额为1万亿日元，下一阶段的企业愿景是到2020年销售额达到5万亿日元，成为全球第一的品牌。然而没过多久，管理层就将目标调整为3万亿日元，果然"3倍法则"才是正途。

"梦想为自己存在，志向为他人存在"

在优衣库每年的全球大会上，来自世界各地的 5000 多名员工欢聚一堂。其间，柳井正先生长会发表公司新一年的基本方针，与会人员将一同探讨、深挖重要的经营课题，彼此分享最佳实践经验，亲身体会企业基因，从而形成优衣库全球性员工的"羁绊"。

有一次，软银集团总裁孙正义先生来到大会现场做演讲。他向我们提出这样一个问题："大家认为，梦想和志向的区别是什么？"当孙正义先生讲出自己的理解是**"梦想为自己存在，志向为他人存在"**时，我们都不由地发出"原来如此"的惊叹。

虽然"追求理想的能力"是经营者四种必备能力的核心，但是，若没有想为这个世界做出贡献的使命感和利他之心，那么你所追求的理想根本称不上"志向"。只有蕴含使命感和利他之心的志向，才能让周围人产生共鸣，并愿意与你一道去实现，即便失败也拥有东山再起的勇气。

优衣库"改变服装、改变尝试、改变世界"的理念，毫无疑问是企业志向，而绝不仅仅是一个主题。以此志向为主轴，从店员到董事，每位员工均需明确个人志向并与之同步，下定决心踏上实现企业志向之路并思考其实现路径。

自我成长计划是志向的起点

志向也可以和人事组织架构联动起来。

比如自我成长计划——IDP（individual development plan）就能够成为员工实现志向的起点。IDP 的具体措施包括：明确志向并将其语言化，在此基础上明确三年后自己想成为怎样的人，写下在这三年的时间里，为实现志向自己应该掌握哪些知识、技能和经验，并形成第一年的具体计划——这些都是基于青年经营者培养计划 FGL 的设计方案而制定的。

IDP 是我经过深思熟虑，并听取上司的建议后才最终确定的。在定点观测计划执行情况的同时，我也在努力实现"培养前所未有的优秀的自己"这个目标。在 IDP 中期面谈会上，我们不仅对员工的表现做了中期评估，还研讨了各人志向的实现状况，促使员工形成直面志向、直面未来的习惯，鞭策他们不断进步。

穿宽大的衣服：通过试炼来蜕变

一旦确立了志向，下一步的挑战就是如何蜕变。

关于这一点，我将以在《哈佛商业评论》上发表的文章《向优衣库学习经营者的培养方法》为基础，做出我的论述。据说随着公司的发展，文章中提到的 FGL 计划和 MIRAI（未来）项目，已变更为其他项目，这一点还请大家知晓并多多包涵。

"提拔 + 试炼 = 飞跃式成长"

优衣库的做法是提拔有潜力的人，尤其是年轻人，并给予他们难以企及的挑战——"穿宽大的衣服"。之后，这些年轻人可能会绞尽脑汁、在实践的路上撞得头破血流，经历了痛苦挣扎等一系列试炼之后，完成蜕变，实现飞跃式的成长。

提拔年轻人的意义

柳井正先生信奉"人的能力在 25 岁时达到巅峰"这一理论。

倒不是说他否定了前文所说的大脑具有可塑性的观点，他只是觉得

"人在25岁时,具备无论面对何种挑战都能取得成果的体力和智力"。2012年,柳井正先生给我提出的目标是:为了实现2020年的企业成长愿景,你需要培养200名经营者,其中至少三成的人得是25～35岁的年轻人。

欧美许多跨国公司的首席执行官都是在45岁左右时当选的,比如通用电气的杰克·韦尔奇和杰弗里·伊美尔特,而且他们在这个位置上一干就是近20年,所以不少人认为这样的安排对提升企业价值十分有效。因此,按照此种理论反推出的确切培养机制应该是提拔25～35岁的年轻人,使其积累业务负责人的经验,并将他们培养为专业经营者。与之相对,在日本很多的大型企业中,当上首席执行官的一般都是50岁或60多岁的人,而且只有两届4年或者6年的任期。

培养更具计划性的经营人才

优衣库提拔人才的时间点更接近于欧美企业。以往柳井正先生提拔他看中的年轻人时,都会对他们进行一些考验。像潘宁先生和柚木治先生那样出色的经营者,也是在柳井正先生的熏陶下,且经历过考验之后才成长起来的。

不过,这种提拔人才的模式依赖于柳井正先生的个人眼光,具有不小的偶然性。所以,为了在短期内培养大量的经营者,我必须将选拔范围扩展到整个迅销集团,乃至全球各地。同时也需要更有计划性地发掘、提拔、培养潜力十足的人才。于是,自2014年开始,FRMIC推出了FGL计划和MIRAI计划两大人才培养方案。

FGL计划

FGL计划的宗旨,是用三年时间从经理级别的员工(不按年龄区分，但基准是 30 岁左右）中培养经营者（董事或高级经理级别）。来自哈佛商学院的竹内弘高教授作为 FRMIC 的副校长也密切参与了此计划。我们打算从集团公司乃至全球各分公司的业务经营者中选拔出约 60 人参与此计划，其中女性占总人数的一半，日本人占总人数的 1/3 左右。

此培养计划的关键吸引力主要在于以下三个方面：

①三年的志向考验期。所有本计划的参与者均须根据自己确立的志向来进行职业规划，并且可在经营者的层面，就各自的志向和职业规划相互讨论。获得上级认可后，将会特别给予计划参与者三年施展手脚的机会。

②给每位参与者指派一位董事级别的导师，负责其三年内的培养工作。导师的主要职责包括：构思职业规划，为如何实践职业规划并取得成果出谋划策。若导师没有帮助参与者取得显著成果，我们将建议该导师暂时离开 FGL 计划。

③每三个月召开一次 FGL 研讨会。研讨会的主要内容包括：与柳井正先生等公司经营者直接对话，加深对当地情况、实际产品、销售门店的了解。例如参观位于中国的制造工厂，以领导者的角度向柳井正先生提出跨组织倡议并进行讨论，等等。通过这样的研讨过程，参与者将从经营者的视角体会其中的乐趣和辛苦，这比从日常业务中学习的效果要好太多。

不过，为了防止已被提拔的参与者产生"后顾无忧"、坐享其成的情绪，还要设置一定比例的调整空间（比如引入败者复活机制），这样才能让参与者随时随地全力以赴、拼搏进取。

"宽大的衣服"

让管理水平较高但英语运用能力不太强的日本员工远赴俄罗斯担任首席运营官，或者让生于中国的领导者去印度的生产事务所赴任，都将是他们职业生涯中的巨大考验。

担任供应链首席执行董事的神保拓也先生，就是穿上了"**极为宽大的衣服**"的典型例证。此前，他短暂地从事过银行和咨询行业的工作，刚加入优衣库时只有人才培养方面的经验，可优衣库猝不及防地将供应链负责人一职授予了对供应链完全不了解的他。

这真是一个令人兴奋到手脚发麻的挑战。起初神保拓也先生吃了很多苦，有些事情和经历他甚至都不敢回头看。但他的热情、顽强和毅力，与他"用结构化的方法改变世界"的志向合力掀起了领导团队的巨浪，帮助他在供应链改革中取得了出色的成果。

在 2018 年度的财年结算发布会上，神保拓也先生和总裁柳井正先生、首席财务官冈崎健先生一同出席，神保拓也先生镇定自若地为大家做了供应链改革方面的展示。我当时情不自禁地称赞了一句："神保拓也先生真了不起啊！"在我写作本书的时候，神保拓也先生仍未满 40 岁。"人在 25 岁时，具备无论面对何种挑战都能取得成果的体力和智力"——神保拓也先生或许已经证实了柳井正先生提出的"人的能力在 25 岁时达到巅峰"的理论。

MIRAI 计划

MIRAI 计划是由神保拓也先生主导，以发掘、提拔、培养肩负优衣库未来的年轻人为目标的一项计划。它面向的对象比 FGL 更为年轻（大多数在 20 多岁）。优衣库的管理层认为，这个年龄层的人才的能力和可能性都不可估量，所以 MIRAI 计划将通过在全球公开招募参与者、自愿报名、平等选拔的方式，挑选出 60 多人作为培养对象。和 FGL 计划一样，这 60 多人中女性要占总人数的一半，日本人要占总人数的 1/3。

此计划的运行周期是一年，在这个过程中将大致按照地区、业务类别等将参与者划分为五支团队，并以各地区、业务经营者的现存问题为基础设定各团队的主题。随着项目的推进，这些年轻人每三个月有一次机会向柳井正先生汇报成果，这是一种相当令人兴奋的机制。

这项计划遵循着这样的流程：首先，在深入了解当地情况、实际产品、销售门店的基础上提出假设，接下来和相关经营者就此假设进行研讨，然后接受 FRMIC 顾问（公司外部的有识之士）的教导和激励，最后与柳井正先生讨论。由于该计划与日常业务并行，因此实施起来具有相当大的难度。不过，以此来锻炼人才也正是推行该计划的目的。

FRMIC 的工作人员会随时监测进展情况，有些前景堪忧的项目可能会被中途砍掉。另外，不为人知的青年才俊可借助此项目获得认可，并且得到继续挑战自己的机会，包括参加更高一级的 FGL 计划等。例如，某位日本的女性店长，在 MIRAI 计划中发表了希望和某世界著名品牌合作的提案并得到了柳井正先生的首肯，而这项提案也是她的夙愿。随后，公司提拔她为相关项目的领导者，她成功建立了与这家世界著名品牌的商业联盟关系。

解除自身的束缚

制约自身成长的正是你自己

想要穿着"宽大的衣服",在能充分施展手脚的挑战中取得成果,维持现状是不行的,必须得破而后立。

事实上,很多人没意识到,制约自身的壳正是由你自己一手炮制的。柳井正先生再怎么强调"学会说大话",如果你一直用类似"想法再怎么宏大,我也不可能做到"的消极模式来思考问题的话,自然也说不出"大话",更不会取得显著成果。此时,心理障碍成了制约你的最大因素。

柳井正先生在和当时的星巴克首席执行官霍华德·舒尔茨的对谈视频中提到了罗杰·班尼斯特现象,于是我们在 FRMIC 研讨会中以此为题材,讨论了自己身上带着怎样的枷锁,以及该如何挣脱它解放自己等问题。

罗杰·班尼斯特现象

心理层面究竟会给人带来多少束缚?一个有趣的故事恰好反映了这一问题。

田径比赛有个 1 英里赛跑的项目,其赛跑里程并不是 1500 米,而是真真正正的 1 英里(约 1609 米),以前在欧美它作为田径比赛的明星项目一直具有超高的人气。

1923 年,来自芬兰的帕沃·鲁米打破了尘封 37 年的纪录,并将 1 英里赛跑的最好成绩改写为 4 分 10 秒 3。田径专家就此断言,不会有人能创造比他更好的纪录了，人不可能在 4 分钟之内跑完 1 英里也成为全世界的共识。甚至有人说，在 4 分钟之内跑完 1 英里，比登顶珠穆朗玛峰和到达南极极点更难。

然而，当时还是牛津大学医学部学生的罗杰·班尼斯特（图 3-8）将科学方法引入田径训练中，在 1954 年成功打破了 4 分钟的壁垒。如果仅仅出现这样一个偶然现象，那么故事也就到此结束，令人不可思议的是，46 天后在芬兰的图尔库，班尼斯特的劲敌——来自澳大利亚的约翰·兰迪，以 3 分 58 秒的成绩打破了班尼斯特新创造的纪录。而且，在班尼斯特跑进 4 分钟内之后的一年时间里，包含兰迪在内先后有 23 人次的运动员，同样成功打破了"4 分钟 1 英里"的壁垒。

- 1923 年，来自芬兰的帕沃·鲁米在 1 英里赛跑中跑出了 4 分 10 秒 3 的成绩，将之前 37 年间未被打破的纪录提高了 2 秒，创造了令人惊叹的新世界纪录。
- 专家断言不会出现比他更快的纪录了，人不可能在 4 分钟之内跑完 1 英里也成为全世界的共识。甚至有人说，在 4 分钟之内跑完 1 英里比登顶珠穆朗玛峰和到达南极极点更难。
- 然而，1954 年，当时还是牛津大学医学部学生的罗杰·班尼斯特，将科学方法引入田径训练后，成功打破了 4 分钟的壁垒。
- 46 天之后的 1954 年 6 月 21 日，在芬兰的图尔库，班尼斯特的劲敌——来自澳大利亚的约翰·兰迪，以 3 分 58 秒的成绩打破了班尼斯特新创造的纪录。之后更不可思议的事情发生了，随后的一年里，包含兰迪在内先后有 23 人次的运动员打破了"4 分钟 1 英里"的壁垒。
- 如果在一开始就断定这件事情绝对办不到，那么即使具有打破纪录的实力，也往往因为心理层面的原因不能百分百发挥而导致失败。

制约自己的因素实际上在你的心理层面。
一旦解开了枷锁，你的潜力就会得到释放。

来源：维基百科
图片来源：盖蒂图片社

图 3-8　罗杰·班尼斯特现象

柳井正先生在和当时的星巴克首席执行官霍华德·舒尔茨的对谈视频中提到"给人的潜力套上枷锁的，终究是人类自己"这句话，在我的心里留下了深深的烙印，这也是我将自己的创业公司命名为"释放潜能"的原因。

持续磨炼自己

即便"穿着宽大的衣服"，"解除了自身的束缚"，成长到了新阶段，也不意味着经营者之路到达终点。做到这些的人只不过是拥有"自我主导型智力"的领导者而已，而这只是凯根教授归纳的智力发展的第二个阶段。

为了更进一步成为拥有"自我改观型智力"的领导者，必须持续"型破"，即经历不断建立原型并不断打破它的过程。

自问自答

要完成进化，其基础就在于"自问自答"。《经营者养成笔记》中"变革的力量"第六项就讲到了相关内容。重点在于，你需要经常将自己置于客观视角，充分认识自我本质性的成长问题，并思索自己的愿景与现状之间的差距究竟在哪里。

每天睡前与"最棒的自己"对峙

在这里与大家分享一段我很喜欢的趣闻。若林隆广先生是优衣库的首席执行董事之一，在他这样一位充满激情的出色领导者的指引下，优衣库日本和优衣库韩国的业务取得了显著成果。之后，若林隆广先生在经营者人才培养计划中分享了他波澜壮阔的业务经历，带给了我很大的触动和持续的启发。

若林隆广先生每天的习惯也相当有趣。

> 每天晚上入睡之前我都要照照镜子,看看"今天的自己"的模样,然后思索:今天的我与脑海里想象的"最棒又最帅的自己"相比,究竟差在哪儿了呢?要在思维方式和行为方式上做出何种改变,才能让我更接近"最棒又最帅的自己"?

若林隆广先生养成了像这样每晚自问自答的习惯,这个习惯正是孕育出这样一位出色经营者的原动力。

防波堤:柳井正先生的训斥

此前主要讲的是我在优衣库如何实践"培养前所未有的优秀的自己",在本节的最后我想谈一谈或许能从根源上起到作用的方法,这就是柳井正先生的"愤怒之力"。

加入优衣库后,给我带来最大冲击的莫过于柳井正先生对下属的激烈训斥。我第一次参加董事会议时,就亲眼见到他用"敬语"激烈斥责董事:"您都干了些什么事?!"我看得目瞪口呆。不久后,柳井正先生的矛头转向了我。

我担任咨询公司合伙人的时候很少有人冲我发火,所以当这样的事件降临到我身上时会带给我更大的冲击。**同样是战略咨询公司(麦肯锡)出身的首席财务官冈崎健先生,就曾和我一起抱怨"他为什么要向我们发**

那么大的火？"（虽然柳井正先生向他发火的次数远远少于我）。

一开始，我并不清楚柳井正先生为什么会发火。在持续挨骂的过程中，我逐渐认识到他是想通过"改变服装，改变常识，改变世界"来使优衣库登上世界第一的宝座，正是因为他有如此强烈的意愿和志向，才会如此精益求精、决不妥协，才会向我们一个劲儿地发火。我发自内心地接受了他的想法，同时也觉得自己确实在很多地方存在不足，必须不断成长才行。如果我还身处咨询公司并安于现状的话，或许我自身的成长早就停滞了吧。

发火是需要耗费相当大能量的一种行为，而像柳井正先生那样，能持续不断发怒的人所蕴含的能量确实令人敬畏，也让我从心底佩服他。柳井正先生的愤怒之力在"培养前所未有的优秀的自己"方面起到了重要作用。倘若优衣库的目标是成为史上最强的服装品牌，那么它的每一名员工都应该成为前所未有的优秀的自己才行，这正好与"不变则亡"的思想不谋而合。

顺便提一句，优衣库的干部们都很擅长模仿柳井正先生用敬语斥责的说话方式。我想这代表着大家对他的爱戴，因为他不仅令人敬畏，还拥有难能可贵的人格魅力。

培养伙伴

全心全意、全身心

在《经营者养成笔记》中,我最喜欢的莫过于"建设团队的能力"的第二项:全心全意、全身心面对下属。构建和下属、同伴之间的信赖关系是一切的出发点,为此必须全心全意来对待这件事。100%?!说起来容易,做起来难。如果你问我本人是否做到了全心全意对待下属,我也很难做出肯定的回答。

成为"烦人的"上司

不过,的确有人在认真践行"全心全意、全身心对待下属"这件事。前文中提到的穿上了"极为宽大的衣服"的神保拓也先生就是其中之一,我想,在这个方面应该不会有人比他做得更好了。他本人也说过,想做到这一点,你终究得成为"烦人的"上司。

要问怎么个烦人法,他会告诉你,上司需要参与到所有与下属成长相关的事情中。例如,每周推荐读到的好书并评价下属写的读后感(非强制),督促下属按"重要性 × 紧急性"矩阵排列工作内容的优先级,每天早晨就工作进展给予下属相应的建议等,做到这些才算是真正全心全意、全身心地对待下属。

虽然没有第二个人像神保拓也先生那样做到极致，但优衣库还是有不少"相当烦人的上司"。由于上司的思维模式和态度是"培养伙伴"方面最为重要的因素，因此优衣库在对领导层教育上提倡分享最佳实践方法，形成了从组织层面（并非个人层面）培养"烦人的"上司的独特氛围。"烦人的"上司100%全心全意对待下属，不厌其烦地与下属并肩前行，陪伴他们成长。只有具备奉献精神，对培养下属怀着真挚的感情的人，才有资格成为"烦人的"上司。这也是"烦人的"上司和滥用职权的上司之间最为本质的区别。

点燃心中的火焰

"点燃心中的火焰"是柳井正先生谈到 FRMIC 的根本任务时常挂在嘴边的一句话。成立 FRMIC 不光是为了借助教育手段提升员工的工作技能，更为重要的任务是点燃员工心中的火焰。为此，FRMIC 营造了多种多样的场合助力员工"点火"，我在任之时就已经包含以下一些活动：

• 《经营理念23条》和《经营者养成笔记》的全球发布

让全球员工理解并接受优衣库的理念和使命，并与他们的志向同步，点燃他们心中的火焰。

• 全球大会

从全球各地召集5000多名员工参加优衣库全球大会，每年两次。会议期间，将共同讨论企业的基本方针和重要经营课题，亲身体会企业基因，互相分享最佳的实践方法，以建立强有力的"羁绊"，并点燃他们心中的火焰。

- 地区大会

全球大会的地区版。

- 柳井正先生和全体日本店长（每次 30 人，共 30 多次）的直接会面。直接会面并不是单纯的垂训说教。柳井正先生在会面过程中，亲自聆听各位店长在工作之余所面临的问题（包括家庭相关的一些私事），并给出建议，点燃店长们心中的火焰。

- 柳井正先生和进步缓慢的店长间的直接会面

这是柳井正先生和业绩增长缓慢、业绩停滞不前的店长间的直接会面。他会倾听每一位店长讲述业绩进展缓慢的原因，并就如何取得突破给予相应的建议，重新点燃他们心中的火焰。

- 柳井正先生和总部各部门的直接会面

这是柳井正先生和总部各部门员工的直接会面。其间会就各部门的棘手问题做开放式的讨论，并通过与总部员工的直接对话来点燃他们心中的火焰。

- 解决门店问题的直接会面

为了让总部真正成为门店支持中心（store support center，SSC），门店和总部要团结一心解决门店面临的棘手问题，同时也要建立门店和总部之间的"羁绊"，点燃他们心中的火焰。

除去业务繁忙期，所有日本优衣库的店长每个月（每年 7~8 回）都会在东京总部集合一次。集合当天上午将由以柳井正先生为首的经营者做演讲并分享最佳实践方法；下午则会将所有人按地区划分为 30 多个小组，各小组由一名执行董事牵头，一同研讨解决现场和门店的棘手问题，总部各部门的部长和中层领导也将参与其中。对于业务一线和门店面临的棘手问题，基本上会在集合当天找出原因、制定对策并立即执行。至于必须在公司层面解决的问题，则会被提交到董事会，由董事会找出原因、制定对策并立即执行。

本书无法对上述所有活动内容进行详尽的介绍。因此，我将仅对《经营理念23条》和《经营者养成笔记》的全球"传道"以及柳井正社长和店长之间的直接会面做进一步的详细说明。

《经营理念23条》和《经营者养成笔记》的全球"传道"

《经营理念23条》和《经营者养成笔记》两本书在各地区的发售，让全世界的优衣库员工理解并接受了优衣库的理念和使命，并且与他们每个人的意识和行为变革联系到一起，从而形成点燃员工们心中的火焰最为坚实的思想基础。

我在2012年担任FRMIC的负责人时，手下仅有三人。随着FRMIC与优衣库大学的合并，我们逐步扩大了业务范围，承担起从店长（后来深入店员层面）到董事一条龙的人才培养任务，同时还在不同地区巩固了组织架构。我离开优衣库时，FRMIC已成为全球性的百人规模的庞大机构。在与各地区FRMIC密切协作的过程中，将优衣库的理念在全球传播也成为我的一大重要任务。这让我想起公司高管们一同集训时的对话。柳井正先生曾对我说："请成为优衣库的'传教士'吧。"我答道："刚巧我的发型和弗朗西斯科·萨维尔很相似，我会努力的。"听到这里他不由得吐槽说："萨维尔才不是那种发型呢。"

尽管如此，我还是以优衣库的弗朗西斯科·萨维尔自居，到世界各地"传道"（不仅去过纽约、巴黎、上海这些大城市，还到孟加拉国、越南、土耳其等国家做了多次宣讲）。在"传道"过程中，我最大的感触是：外国员工在职业生涯自主性方面远强于日本员工，不过能在"志向"这一层面认真思考人生目标的人依旧少之又少，因此涉及志向的深层次话题同样能触动外国员工的心弦。

在孟加拉国的格莱珉优衣库和生产部门联合宣讲《经营者养成笔记》时，我要求那里的员工认真且深刻地思考自己的志向，并对照"改变服装、改变常识、改变世界"的使命和《经营者养成笔记》中提到的四种能力，为自己的日常工作赋予新的意义。

当时一位毕业于达卡大学的女员工给我留下了深刻的印象。她听了宣讲后，眼里闪闪发光，生动形象地描述了自己的志向——想在孟加拉国的服装生产制造业掀起契合优衣库理念的变革。我打心底里觉得优衣库需要让她这样优秀的员工活跃在世界的舞台上，这也进一步强化了我的观点：将优衣库的理念、使命与员工个人志向同步起来，这是点燃员工心中火焰的方法。

柳井正先生与店长的直接会面

2013年年初的一天，因某个问题心神不宁的我接到了柳井正先生的召唤，他向我提出了这样的要求："我要和日本所有的优衣库门店店长见面，请你考虑一下该如何安排。"我回话说："优衣库在全日本有将近1000名店长，这次见面无论从时间上还是距离上都很难实现。"他听到这样的回答勃然大怒："我说了要和他们见面就一定要做到，请你好好思考一下。"

于是，我想了个最为简单的解决办法：将会面安排为每次见30人，一共举行30多次。那可是30多次的直接会面啊！当我向柳井正先生确认"这样安排真的能行吗？"他果断回答"没问题"。那时，柳井正先生的魄力确实令人敬畏，而且他有为当时饱受各种问题困扰的店长做点什么的强烈意愿——宽慰他们的心灵，点燃他们心中的火焰。

原本的安排是柳井正先生和店长们围绕《经营者养成笔记》进行对话，可到现场一看，形式已经转变为柳井正先生为每一位店长提出建议的人生咨询了。咨询的内容不仅限于工作，甚至涉及家庭等个人隐私方面，但无论哪方面的问题，柳井正先生都会认真作答、热情地给出建议。他全心全意、全身心地为店长们着想，他的话语打动了很多人，有些人甚至感动得哭了起来。到现在，每当我回想起那时的场景都不由得眼角一热，切身体会到点燃员工心中火焰这件事所具有的重要意义。

柳井正先生用一年多的时间完成了与店长们的 30 多次直接会面，与此同时，店长的离职率在这一年间降低了一半。

柳井正先生对教育的奉献

回首往事，我确实在优衣库点燃员工心中的火焰方面做了不少事，甚至很钦佩自己。我这样做的原动力源于榜样的力量——柳井正先生在教育和点燃员工心中的火焰方面的付出和奉献。当时我曾对柳井正先生和董事们在教育上花费的时间做了分析，结果发现，事务繁忙的柳井正先生居然把三成的时间用在了企业教育方面。反观董事们，他们平均只花了不到一成的时间在这件事上。

后来，以接班人计划为契机，董事们的工作重心逐渐转移到培养各自部门的接班人上，开始投入更多的时间关注教育。不过，按柳井正先生的话说，三成的时间还是不够用，他甚至想拿出自己五成的时间。

这与通用电气公司的首席执行官杰克·韦尔奇在其第二任期的做法不谋而合。经营者的工作终究还是要回归"人"本身。在这样的领导者手下担任人才培养机构的负责人，虽然会被骂得很惨，但我确实也收获了一段幸福的时光。

"教育＝实践"

我在优衣库做的有关"培养伙伴"的最后一件事，是以实践为主体推进企业教育。在 FRMIC 向全球范围扩张的过程中，我们力图以分享最佳实践方法和树立教育原则为着力点，加强地区间的横向联系，解决因门店分布过于分散所产生的问题。在固化教育原则的讨论中，FRMIC 最为重视的点在于"教育＝实践"这一思维方式。因为如果真的想借助企业教育获取商业成果，光靠听和讲的教学是远远不够的，还必须深入实践。

随后，FRMIC 加速向以实践为重心的教育体系转变，反映这种转变过程的例证不胜枚举。例如，其他企业的教育活动中往往包含行为学习环节，但优衣库认为，此类不以实践为前提的启发经营构想活动只是在"过家家"，因此并不会在全球青年经营者培养计划 FGL 和 MIRAI 中采用。FRMIC 基于实践的经营者教育的具体做法是：学员们以实际应用为前提，提出真正影响企业命运的经营构想，若构想可行，将得到充分施展手脚的机会，并且可在柳井正先生和其他董事面前谈谈自己打算如何解决实践过程中遇到的难题。而在与领导层的对话过程中，员工们自然能学到经营者们看问题的视角和行为方式。

同样，对店长的教育也不能仅仅停留在听和讲的教学层面，还需要让他们作为优衣库的特许经营者到最为专业的门店进行独立经营，在门店接受实践教育。而各种各样的实践活动也很好地提升了教育效果。

此外，FRMIC成员本身的工作方式也发生了显著转变。以往是在总部的大楼里纸上谈兵，现在则要到业务一线，与片区业务领导者和主管协作，一同谋求门店的实际问题的解决方案。

FRMIC成员对教育的洞察力和热情

FRMIC成员对教育的深刻洞察力和满满的热情推动着FRMIC向"教育＝实践"的理念转变。

最初，FRMIC是由越川康成先生、神保拓也先生和我一手创立的。之后，在美国业务取得丰硕成果的塚越大介先生[①]加入，担任部长，他与神保拓也先生齐心协力发挥了出色的领导力，才真正让"教育＝实践"成为这艘航船的前进方向。

此外，FRMIC当时还有四位才俊，他们分别是：负责中国内地业务的木原聪先生、负责东盟业务的吉田琢磨先生、负责中国香港业务的大矢贤先生和负责韩国业务的峰岸义雄先生。作为FRMIC的地区领导者，他们在分享各地区最佳实践方法的同时，还向我提出了许多意见和建议，为FRMIC培训项目的全球一体发展做出了贡献。

之后，随着优衣库日本地区的首席执行官赤井田真希女士和优衣库美国地区的部长松本晃明先生的加入，FRMIC形成了更为有力的体

---

① 现任优衣库中国首席运营官，曾任FRMIC负责人和美国业务首席运营官。

系和构架，从而能够进一步在全球范围内推进"教育＝实践"的理念。FRMIC 的每一位成员都是心中的火焰已被点燃的自驱型人才，对于教育也都具有热诚的想法和过人的洞察力，所以我们非常享受彼此的思维激烈碰撞的过程，也从中学到了很多东西。

FRMIC 成为人才成功的垫脚石

FRMIC 成员中已经有塚越大介先生、神保拓也先生和赤井田真希女士三人升任优衣库的执行董事，他们离开 FRMIC 后，都在优衣库的核心岗位任职。这样看来，离实现 FRMIC 的愿景（不仅是一家人才培养机构，还要成为助力人才一跃成为经营者的垫脚石）已经不远了，想必之后还将从 FRMIC 走出更多的经营者。

打造最强的团队

讲完了"培养前所未有的优秀的自己"和"培养伙伴"之后，会将这两方面归结到团队的力量上，以"打造最强的团队"来为领导自我收尾。

优衣库在"打造最强的团队"方面有以下三个着力点：

比任何人都想赢

新人店长的挑战

优衣库的员工从大学毕业加入公司起，通常经过 1~2 年的磨炼后就能成为店长，快的人甚至只需要半年。一开始，新人店长会被分配到小型门店任职，虽说是小型门店，但是店员也有 20~30 人。也就是说，一位不到 25 岁的年轻人忽然要管理 20~30 名下属，而且下属的身份、背景各不相同。有在这家门店任职 10 年以上的兼职主妇，有刚进公司打零工的学生，还有最近刚转正的员工。

这对于刚进入社会，缺乏相关知识和经验的新人店长而言，想必会是一次难能可贵的经历。他必须想出办法带领这些下属提升业绩。如果换成正在阅读此书的各位，你们会怎么做呢？

将个人志向与门店愿景相融合

新人店长破局的关键在于能否提出融合自身志向且能引发店员共鸣的门店愿景。新人店长在思考类似"你为什么加入优衣库""你想在优衣库成就怎样的事业"等问题的过程中会逐渐明确自身的志向，发掘融合志向的门店愿景。

即使愿景听上去有些幼稚也没有关系，请务必亲口正式地表述给店员们听，将你的思想灌注到他们每一个人心中。

从领导自我到领导团队

从领导自我升华到领导团队，这一过程在最初的时候往往不会很顺利。遇到挫折千万别独自承担所有的压力，你可以在自问自答、自我反省的同时找主管领导倾诉，也可以借总部员工支援门店之机征求他们的建议（总部员工支援门店的工作模式已经在优衣库推行开来）。当然，关键还在于和店员对话并虚心向他们学习，以帮助你不断挑战一个又一个门店难题。

即使第一次挑战没成功，只要你真心想建立这样一家门店，店员们一定会紧紧跟随在你身后，并对你说"虽然你有些地方不太靠得住，但是能有这样的想法，我们定会助你一臂之力"，或是"我也想建立这样一家门店，让我们同舟共济"。这样一来，就掀起了从领导自我向领导团队转变的滔天巨浪。

拥有比谁都强的求胜心，持续自我变革

在《经营者养成笔记》中，"建设团队的能力"的第七项是拥抱最强的取胜愿望，坚持自我变革。其中有这样一条：团队作战的前提是全体成员都要抱持强烈的取胜欲望。因此，拥有比谁都强的求胜心是团队领袖不可或缺的一项素质。

说起橄榄球世界杯中的日本代表队，在主教练杰米·约瑟夫身上就体现了求胜心的力量。在2015年世界杯比赛中，日本队取得了三场胜利，但未能晋级八强淘汰赛。源于那时的悔恨与不甘，杰米·约瑟夫提出进入世界杯八强的目标，为此，他让全体队员异口同声地喊出"哪怕付出再大的牺牲，也要实现目标"的口号。

"牺牲"这个词，常常被那些努力却未能得到回报的人挂在嘴边，体育运动员却很少使用它。所以，一开始听到他们喊出这样的口号，我总觉得有些别扭，并且暗自纳闷为什么这些橄榄球运动员会使用"牺牲"这个词。然而，日本代表队在不被世人看好的情况下，一年中进行了240天令人难以想象的艰苦集训，驱使他们如此努力的原动力正是想进入世界杯八强的强烈意愿。当我思考并理解到这个层面时，才终于觉察到他们使用"牺牲"这个词的真正含义——"牺牲"反映出哪怕付出再多血泪，也要实现目标的那种令人难以置信的强烈愿望。

在优衣库，拥有比任何人都强烈的取胜欲望的人莫过于柳井正先生。在他的耳濡目染之下，拥有强烈求胜心的员工也在不断增多。对于门店员工而言，或许很难一下子对世界第一的概念有强烈的共鸣，不过许许多多的优衣库店长和店员都拥有强烈的"要建立地区第一门店"的求胜心，而这种求胜心恰恰和优衣库成为世界第一的目标紧密联系在一起。

人人都是主角，全员经营实践

一旦店长成功设立融合自身志向的门店愿景，店员就能以此为指南针，将他们每个人的志向与门店愿景同步，而接下来的挑战就是帮助店员成长为自驱型人才。

2014年，在优衣库全球大会上，柳井正先生宣布公司大方针将发生转变，优衣库的经营模式将转变为"以门店员工为主角、植根地区的个体经营模式"。为了能让店员成为经营主角，FRMIC花了很多精力推进业务和人事两方面的相互协作。首先要做的就是让员工理解并接受优衣库的经营理念。

从前，店员教育工作基本被全权委托给了门店，导致各地区、各门店对公司理念的理解存在不小的偏差。为改善这一点，FRMIC组织召开了店员大会，让各地区、各门店的员工会聚一堂，一同理解并接受公司的经营理念。在不影响门店正常营业的前提下，FRMIC常奔赴各地区，帮助店员理解公司理念并完成自我事业化，并时不时地组织他们讨论公司理念与个人志向相结合的问题，在讨论过程中点燃了许多店员心中的火焰。

让店员成长为门店特定部门的"经营者"

在做好上述工作的基础上，各门店可在具体经营方面大胆试错。

主要的试错方向之一就是将门店的特定部门（例如女士外套专柜）交由最熟悉本地区情况的店员来经营管理，让他们尝试完成商品群经营工作，其中包含敲定商品结构和设计柜台等具体内容。倘若将这些工作强加于人，店员则很难顺利完成自我事业化，从而注定失败。因此，店长必须在尊重店员本人的想法和志向的基础上，设计一套以店员为主角的门店管理体制。这样一来，门店在与地区活动联动的同时，还能打造出随时满足顾客需求的易购专柜，从而大幅提升顾客满意度。

对于店员来讲，他们将告别唯命是从的被动工作循环，逐渐体会到自主思考和行动带来的愉悦，从而进入快乐循环。正因为感受到快乐，店员们才有动力不断主动寻找并攻克更多的难题，取得更为丰硕的成果。渐渐地，进入快乐循环的店员数量也在不断增加。

分享最佳实践方法，提高实践水平，形成变革巨浪

如前文所述，在优衣库全球大会上，柳井正先生提出了公司的经营模式将向以门店店员为主角的经营模式转变，而在这方面采取的新举措也在整个集团内形成了滔天巨浪。

领导层与店长直接会面，不但有利于解决门店的难题，而且借此之机，各地区能够互相分享最佳实践方法，店长之间也可以互相学习、互相切磋，对提升商品质量和扩大经营面很有助益。

开启店员的职场人生

与上述门店运营体制改革并行，优衣库还致力于开拓店员的职场未来。

此前，大部分店员属于非正式员工，如今公司已开始尝试将他们以区域级（R级）员工的形式转为正式编制。2014年，优衣库日本地区提出了这样一个构想：用2~3年的时间将1.6万名店员转为R级员工，从而将正式员工的数量从3400人扩大到原来的6倍，达到2万人以上。

当然，这一过程必定导致短期经营成本增加。但优衣库日本地区经营者的观点是：可通过改善待遇来确保现有人才不流失，同时控制招聘和教育成本，让公司在中长期经营中受益。我认为，此种构想取得显著成果的关键在于点燃了员工内心的火焰：让店员认为自己成了所在部门的"经营者"，于是在拥有巨大工作成就感的同时，愿意相信优衣库就是自己实现志向的舞台，能真切感受并经历开拓职场未来的整个过程。

当店长的志向"我想建立这样一家门店"和店员的志向"我想建立这样一个专柜"发生碰撞之时，就是成功实现个体店经营模式、构建"最强团队"之时。

很多服装企业在日本这个成熟的市场里陷入苦战，但优衣库在日本的业务却实现了稳定而持续的增长（虽然与海外业务的成长相比，优衣库日本地区业务的成长显得没那么突出，但是已经很了不起了），这依靠的正是每一位员工自主参与的全员经营模式。因此,"打造最强团队"才是撬动企业成长的关键杠杆。

另外,值得一提的是,从2019年起担任优衣库日本业务首席执行官,并从FRMIC和营业两个着力点引领公司变革的,正是赤井田真希这样从基层干起的女性员工。

接班人计划

以灌注团队领导者志向并让他人产生共鸣的愿景为指南针,团队成员同步个人志向并成为自驱型人才,从而建设全员经营的"最强团队"——就算做到了这些,在VUCA的世界里也绝不允许故步自封,还必须持续自我变革和"型破"。这一阶段的关键在于有计划地培养后继者,也就是接班人计划。

五年前,优衣库听取了接班人培养方面权威专家的建议,由FRMIC与人事部门协作,在公司内部引入了接班人计划,并形成图3-9所示的人才培养体系。最上面是柳井正先生的接班人,往下依次是高层管理团队的接班人、分管各部门董事的接班人、各位部长的接班人。具体做法是通过前文中提到的FGL计划和MIRAI计划发掘、提拔年轻人才,将他们作为接班人候选人,加入经营者行列。

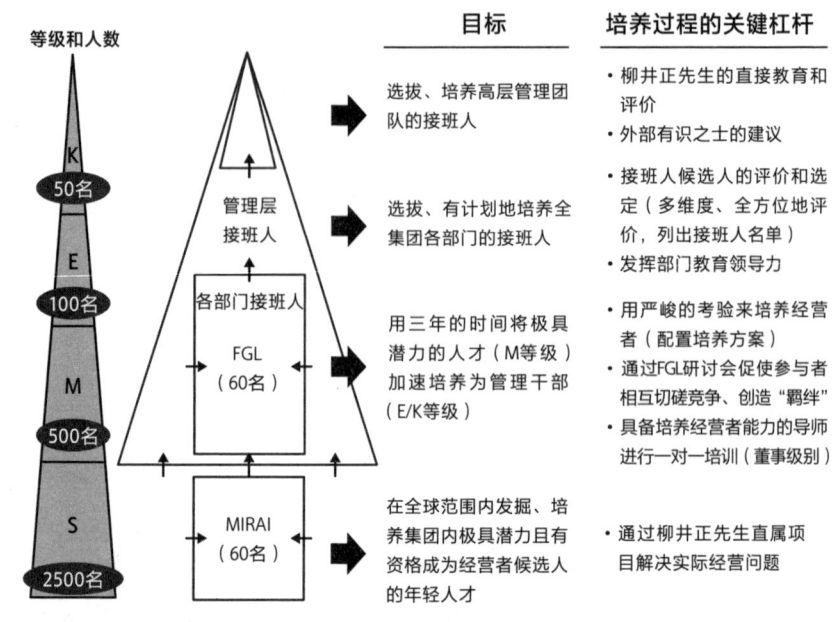

等级和人数		目标	培养过程的关键杠杆
K 50名	管理层接班人	选拔、培养高层管理团队的接班人	• 柳井正先生的直接教育和评价 • 外部有识之士的建议
E 100名		选拔、有计划地培养全集团各部门的接班人	• 接班人候选人的评价和选定（多维度、全方位地评价，列出接班人名单） • 发挥部门教育领导力
M 500名	各部门接班人 FGL（60名）	用三年的时间将极具潜力的人才（M等级）加速培养为管理干部（E/K等级）	• 用严峻的考验来培养经营者（配置培养方案） • 通过FGL研讨会促使参与者相互切磋竞争、创造"羁绊" • 具备培养经营者能力的导师进行一对一培训（董事级别）
S 2500名	MIRAI（60名）	在全球范围内发掘、培养集团内极具潜力且有资格成为经营者候选人的年轻人才	• 通过柳井正先生直属项目解决实际经营问题

来源：宇佐美润祐创作的《在优衣库学到的经营者人才培养方法》，发表在《哈佛商业评论》，2017年4月

图 3-9 优衣库全球经营者序列体系（2016 年）

很多企业对接班人的理解还停留在单纯地提名后继者的层面，实际上，这样的做法并不能培养出合格的后继者。为了避免误入歧途，优衣库强烈要求主管干事和部门负责人腾出精力有计划地培养接班人。

柳井正先生将自己三成的时间用在人才培养上。与之相对，优衣库的董事们在人才培养方面所花的时间虽然个体差异较大，但实际统计下来平均只用了不到一成时间。为此，优衣库进一步提高了接班人培养课题的重要性，在考核董事工作时，将约一半的权重都放在了接班人培养责任上。

董事们固然有各自的工作风格，但从公司整体考虑，为纠正和消除个体偏差，我们采纳了接班人培养方面权威专家的建议，创建了带有鲜明的优衣库风格的接班人培养计划——虽基于统一的接班人培养平台，但不妨碍各位董事独特的个人风格的发挥。这方面的具体内容比较敏感，不会在本书中详细展开，但可以告诉各位的是，提名后继者时，除了得看候选人是否表现出色，更重要的是考察他身上是否体现了优衣库的理念和价值观。

互教互学的教育链和教育氛围

接班人培养的基本思路是通过"互教互学"有组织地培养后继者。部门负责人需要将优衣库的发展愿景、发展方向与自我志向同步，进而思考制定出部门愿景，并用自己的语言将部门愿景表述给部门成员，激发他们的灵感。在这个过程中，部门负责人作为高层管理团队的接班人候选者得到了锻炼，而部门负责人的接班人候选者也直接获得言传身教式的宝贵经验——这就是我所说的"教育链"。

当你尝试去教别人的时候，可以领悟、学习到许多新东西，这些新东西与你自身的成长紧密相连。柳井正先生常说："请多出现一些'老师'吧！"如果我们当中多多涌现一些老师，不光学生会成长，老师也会成长，从而推动最强团队的建设。

以柳井正先生为首，高层管理团队成员、优衣库各国业务经营者、部门负责人、特许经营者等这些优衣库初创之时的传奇人物，经历试炼取得突破的许多店长、总部领导者、表现出色的海外店长（从店员直升）、收到顾客感谢信时感动落泪的店员，还有参与过优衣库全球大会、门店问题解决会议、店员会议、FGL、MIRAI等活动的人，都在将知识心得传授给别人的过程中获得了成长。可以说，优衣库的确将互教互学的教育链和教育氛围落到了实处。

设定接班人的培养期限

接班人培养的另一个关键点在于设定期限。这并不是指含糊地给出一个时间限制，而是要精确设定培养工作的结束时间点，这样才能反推出整个培养计划该如何安排，从而避免培养过程中拖拖拉拉和时间浪费。

东盟业务是优衣库另一个业务增长引擎，担任优衣库东盟首席执行官兼执行董事的是守川卓先生。我至今依然记得守川卓先生在东盟地区大会上面对各业务负责人说的一番话：

我将给各位三年的时间。在这三年里，请大家用心培养各自的后继者。需要特别指出的是，请大家尽量从当地员工中培养下一任领导者。培养接班人是各位的职责，没能尽到职责的人会受到降职处罚。此外，培养接班人的成绩将直接关系到各位能否晋升，还请各位在展望未来的同时不要忘记自身的成长。

当我听到这番话时，心里不由得对守川卓先生赞赏有加：他果然很了不起！在日常生活中，他是一位爱开玩笑的友善帅哥；作为经营者，又具有不可多得的魄力。在远离日本、柳井正先生的目光所不能及的地方，各国优衣库业务责任人"一国一城"的意识更为强烈，往往容易产生安于现状、各扫门前雪的心态，而这会成为妨碍最强团队长久存续的绊脚石。

之前接班人的培养期限一般比较含糊，这次守川卓先生设定了三年的明确期限。同时，他也向各业务负责人传达出这样的信息：在期限内没能成功培养接班人的业务责任人将被判定为失职。另外，需要培养接班人意味着自己现有职位亦将不保，所以必须朝着下一个目标前进才行，可谓准确捕捉到了接班人计划的本质。在规定期限内培养接班人、拿出培养成果，已成为对每一位董事、业务经营者、职能经营者的硬性要求。

在优衣库担任人才培养机构负责人的岁月

优衣库在不断引发变革的同时，实现自我成长的根本点在于"培养前所未有的优秀的自己、培养伙伴、打造最强的团队"。前文中我已经为大家讲述了该如何做到这几个方面，其中的要点总结起来如图3-10所示。

以《经营者养成笔记》为支柱的实现方法	
培养前所未有的优秀的自己	・树立高远的志向。 ・"穿宽大的衣服"——通过试炼来蜕变。 ・在自问自答的同时要经常持续磨炼自己。 ・柳井正先生的训斥——为"培养前所未有的优秀的自己"而筑的防波堤。
培养伙伴	・全心全意来对待。 ・点燃心中的火焰。 ・"教育=实践"。
打造最强的团队	・将自己的志向融入组织愿景，我比谁都想赢。 ・人人都是主角，全员经营实践。 ・通过"教与学"培养后继者——接班人计划。

图3-10 培养前所未有的优秀的自己、培养伙伴、打造最强的团队

以《经营者养成笔记》为支柱

缘起于《经营理念 23 条》的《经营者养成笔记》是支柱和指南针，阅读本章内容时可以将《经营者养成笔记》放在旁边随时参考查阅，这样有助于更加深刻地理解本章内容。

融合了柳井正先生自身志向的企业愿景——通过"改变服装、改变常识、改变世界"的理念促使优衣库成为世界第一服装品牌——绝不动摇。而关于此种愿景的实现途径，反映在优衣库经营方面的理念则是"一成靠计划，九成靠实践"，边前进、边思考。由于环境和情况随时都在变化，所以这样边前进、边思考的超快速经营就如同过山车一样刺激，有时候甚至可以用"朝令夕改"来形容，而这可谓最符合 VUCA 时代要求的经营模式。因为支撑此种经营模式的基础恰恰在于领导自我，即以优衣库组织机构和门店中的每一名员工的志向同步为起点，"培养前所未有的优秀的自己、培养伙伴、打造最强的团队"。

因此，才有了本书开头部分叙述的内容：平成时代的 30 年中，许多日本企业像温水煮青蛙一般从世界前列滑落，而宇部市卷帘门商店街上一家名为小郡商事的服装店却成功实现全球化成长，以 2 万亿~3 万亿日元的销售额成为服装品牌世界第二，世界第一的位置已经触手可及。

《成为宇佐美润祐的必读笔记》

当我离开优衣库时，FRMIC 的同伴们制作了一本《成为宇佐美润祐的必读笔记》作为礼物送给我（图 3-11）。

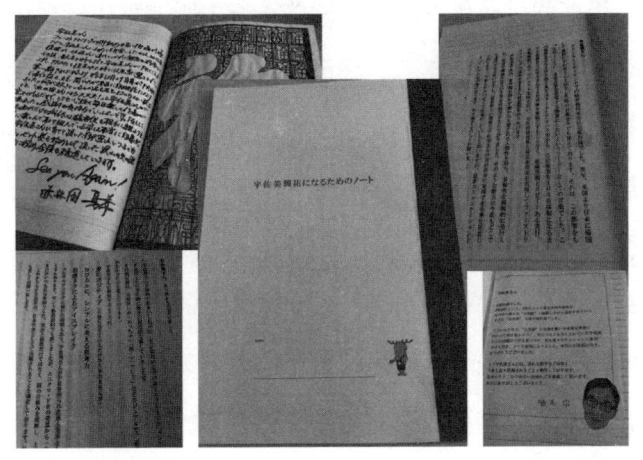

摄影：我（宇佐美润祐）

图 3-11　《成为宇佐美润祐的必读笔记》

不光是 FRMIC 的伙伴，对我照顾有加的各位董事也在里面写下个性鲜明、充满温情的留言。这本笔记和柳井正先生签名的那本《经营者养成笔记》都是值得我珍藏一生的宝物。当经历艰辛和挫折时，我会拿出这两本笔记回顾，从而获得勇气。虽然当时经常被严厉训斥，但有这样出色的伙伴在旁边，我觉得在优衣库担任人才培养负责人的这四年真是太幸福了。

我想能坚持读到这里的读者应该已经发现，我真的很喜欢优衣库。

给柳井正先生和优衣库全体员工的一封情书

在我心中，如此了不起的企业在世界上只此一家。而我选择重返咨询行业最大的理由，就在于倘若能帮助更多企业成长为像优衣库一样优秀的公司，那将带给日本更多的活力。

其实一年前我已萌生退意，但柳井正先生听闻后生气地说"不行"，于是我当时只得作罢。一年后，我已经有塚越大介先生这样优秀的后继者，从优衣库"毕业"的条件业已成熟。当我去柳井正先生办公室辞行之时，居然得到了他这样的权威人士的认可："我觉得宇佐美君确实更适合咨询行业。"

本章是作为给柳井社长和优衣库全体员工的一封情书来写的。当然作为咨询顾问，我也告诫自己尽量避免偏离基于事实的客观视角。倘若读者们能通过本章内容更加深刻地理解优衣库的本质和出色之处，那么我每天早上四点起床笔耕不辍的艰辛就没有白费。

第四章

改变自我，改变组织

10 条要诀

在上一章里，我介绍了优衣库是如何以《经营者养成笔记》为起点来实践"培养前所未有的优秀的自己、培养伙伴、打造最强的团队"的。正如柳井正先生所说，经营的原理在古今东西都是相通的，所以我认为，优衣库的实践成果亦可套用到各位所在的公司中去。于是，我试着将其总结为图 4-1 所示的 10 条要诀（除"遭受柳井正先生训斥"之外的内容与图 3-10 基本相同）。

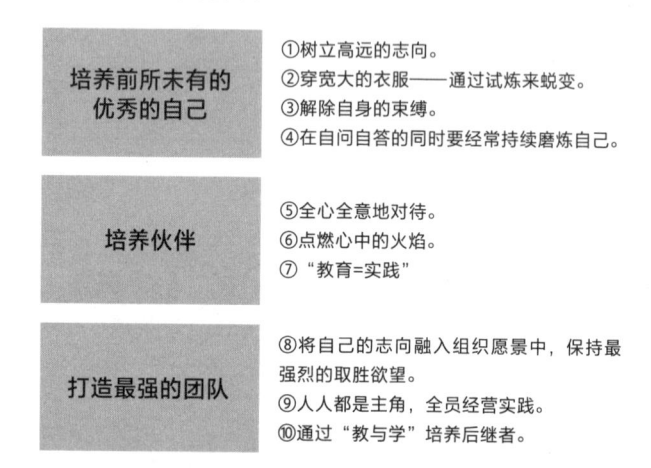

培养前所未有的优秀的自己	①树立高远的志向。 ②穿宽大的衣服——通过试炼来蜕变。 ③解除自身的束缚。 ④在自问自答的同时要经常持续磨炼自己。
培养伙伴	⑤全心全意地对待。 ⑥点燃心中的火焰。 ⑦"教育=实践"
打造最强的团队	⑧将自己的志向融入组织愿景中，保持最强烈的取胜欲望。 ⑨人人都是主角，全员经营实践。 ⑩通过"教与学"培养后继者。

图 4-1 "培养前所未有的优秀的自己、培养伙伴、打造最强的团队"的 10 条要诀

由于上一章中的优衣库实践事例已经充分体现了具体内容，因此在这里不再重复说明。本章将重点讲述实践过程中的小诀窍，会从改变自己和改变组织两个方面出发，指出该注意哪些要点才能少走弯路。

改变自我的四个实践方法

制订改变自我的计划

虽说明确自身志向并具备实现它的决心是领导自我的出发点，但一般而言，人们总是羁绊于眼前的琐事，以至于没有余力思考志向方面的问题。

我在40岁之时受到野田智义先生的当头棒喝，以此为契机听从了自己内心的声音。如果本书能成为你的"野田智义先生"，帮助你激发出一些灵感，听从自己内心的声音，从而采取实际行动，那就太好了！

具体来讲，你可以拿出周末半天安静地独处，直面自己的内心，并且至少实践第二章领导自我方程式中"自我事业化"的人生曲线和自我渴望两部分内容，如能挑战绘景的内容效果更佳。

	自我事业化	×	创造"羁绊"

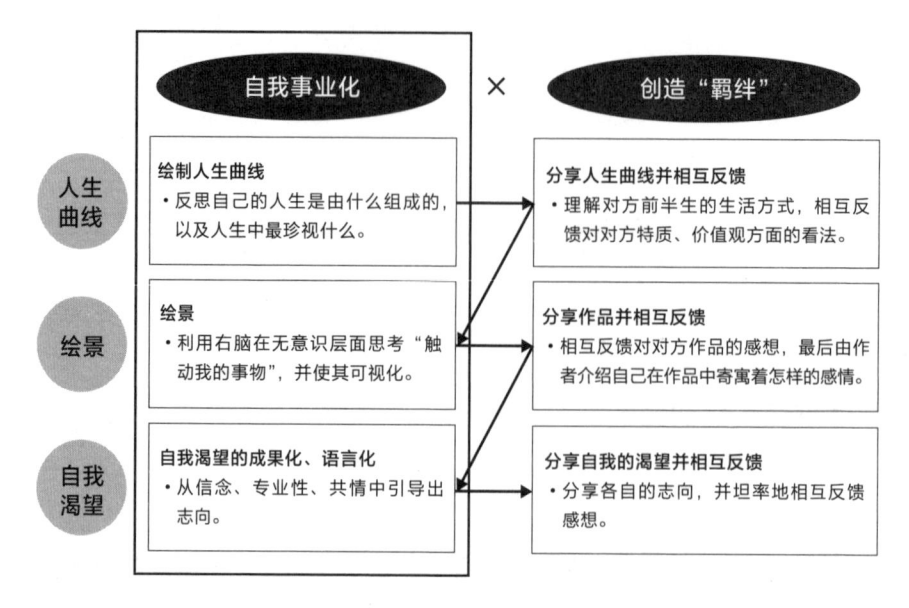

人生曲线
- 绘制人生曲线
  - 反思自己的人生是由什么组成的，以及人生中最珍视什么。
- 分享人生曲线并相互反馈
  - 理解对方前半生的生活方式，相互反馈对对方特质、价值观方面的看法。

绘景
- 绘景
  - 利用右脑在无意识层面思考"触动我的事物"，并使其可视化。
- 分享作品并相互反馈
  - 相互反馈对对方作品的感想，最后由作者介绍自己在作品中寄寓着怎样的感情。

自我渴望
- 自我渴望的成果化、语言化
  - 从信念、专业性、共情中引导出志向。
- 分享自我的渴望并相互反馈
  - 分享各自的志向，并坦率地相互反馈感想。

图 4-2　领导自我方程式"自我事业化"篇

绘制人生曲线

请按照第二章所阐述的要领来绘制自己的人生曲线（图 4-3）。下面将以我的人生曲线为素材阐述具体该如何回顾自己的人生，以供大家参考。首先需要做的是纵览自己过去的人生，试着独立思考——从宏观层面俯瞰时能获得怎样的启发。就我的情况而言，回顾这半生获得了以下三个启示：

- 以往我过着坐享其成、结果尚可的人生，今后必须有所转变才行。
- 回想起自己只专注于跳高时的激情，（或许）自己原本就不缺乏能量。
- 若是找到值得用一生去实现的事，自然能专心致志地向前冲刺。塞翁失马，焉知非福？

然后从微观层面回顾人生中发生的具体事件，深入思考自己生命中最为珍视的东西，以及自己一路走来的心路历程。我苦思冥想，总结出作为战略咨询顾问最为珍视的东西有两个：

- 自我事业化。
- 客户的笑容（做一名能给客户带来好运的咨询顾问）。

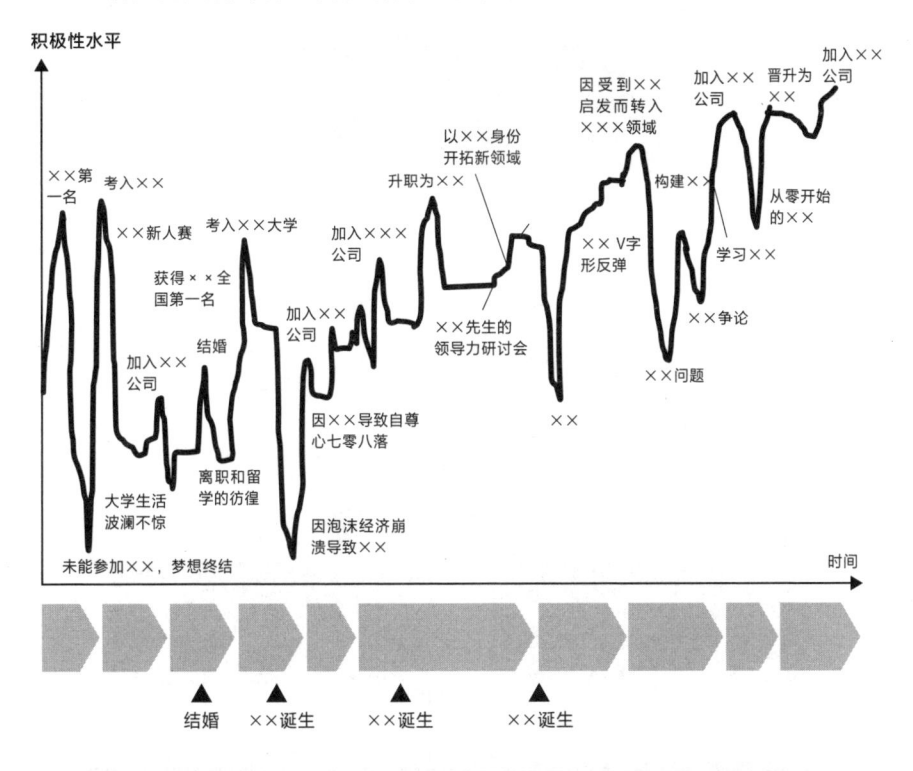

积极性水平

××第一名
考入××
××新人赛
获得××全国第一名
加入××公司
考入××大学
结婚
大学生活波澜不惊
离职和留学的彷徨
未能参加××，梦想终结
加入×××公司
加入××公司
因××导致自尊心七零八落
因泡沫经济崩溃导致××
升职为××
以××身份开拓新领域
××先生的领导力研讨会
××
因受到××启发而转入×××领域
××V字形反弹
××问题
加入××公司
构建××
××争论
从零开始的××
学习××
晋升为××
加入××公司

时间

结婚　××诞生　××诞生　××诞生

- 横坐标表示从幼年至现在的时间轴，纵坐标表示积极性水平。
- 绘出人生各种各样的局面对自己的积极性所产生的影响，标注出造成积极性起伏的决定性因素或事件。
- 深入反思自己的心路历程和最为珍视的事物是什么。

图 4-3　人生曲线的绘制方法

请你也这样回顾之前的人生，来深入发掘出自己本质上最为珍视的事物吧。

将自我渴望语言化

借助人生曲线，明确自己最为珍视的事物之后，请按照第二章中阐述的自我渴望框架（图4-4），将领导力三要素和自身志向语言化。不要只停留在模糊思考的层面，而应该落实到纸面上，使自己的思想实体化。

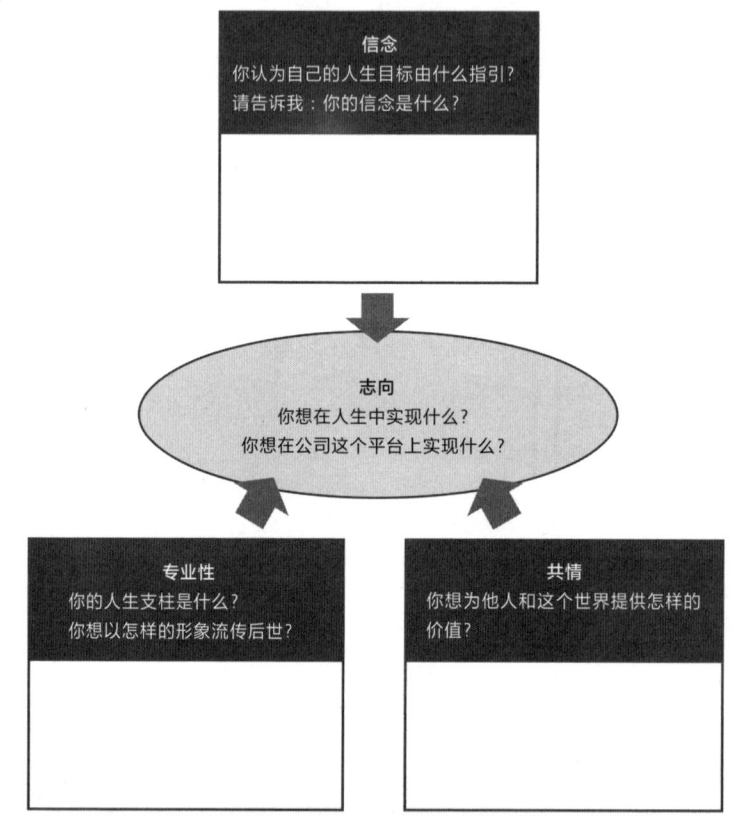

```
┌─────────────────────────┐
│          信念            │
│  你认为自己的人生目标由什么指引？  │
│  请告诉我：你的信念是什么？   │
│                         │
└─────────────────────────┘
            ↓
    ╭───────────────────╮
   │         志向         │
   │  你想在人生中实现什么？   │
   │ 你想在公司这个平台上实现什么？│
    ╰───────────────────╯
      ↗               ↖
┌──────────────┐  ┌──────────────┐
│    专业性     │  │     共情      │
│ 你的人生支柱是什么？│  │你想为他人和这个世界提供怎样的│
│你想以怎样的形象流传后世？│  │     价值？    │
│              │  │              │
└──────────────┘  └──────────────┘
```

图 4-4 自我渴望（自己的志向）

人们在一开始面对平时未详加考虑的问题时，往往会不知所措，但多次研讨会的经验告诉我：大家最终都能顺利地将自我渴望语言化。不仅如此，很多人惊讶于发掘出了自己内心深处的想法。将回顾人生曲线后得到的信息输入大脑，反复揣摩并精心提炼，在安静地独处的时候直面自己的内心，就能帮助你听到自己的心声。

制订改变自我的计划

确定志向之后，需要考虑志向的实现途径和自我变革的基本战略，即需要制订改变自我的计划（图4-5）。

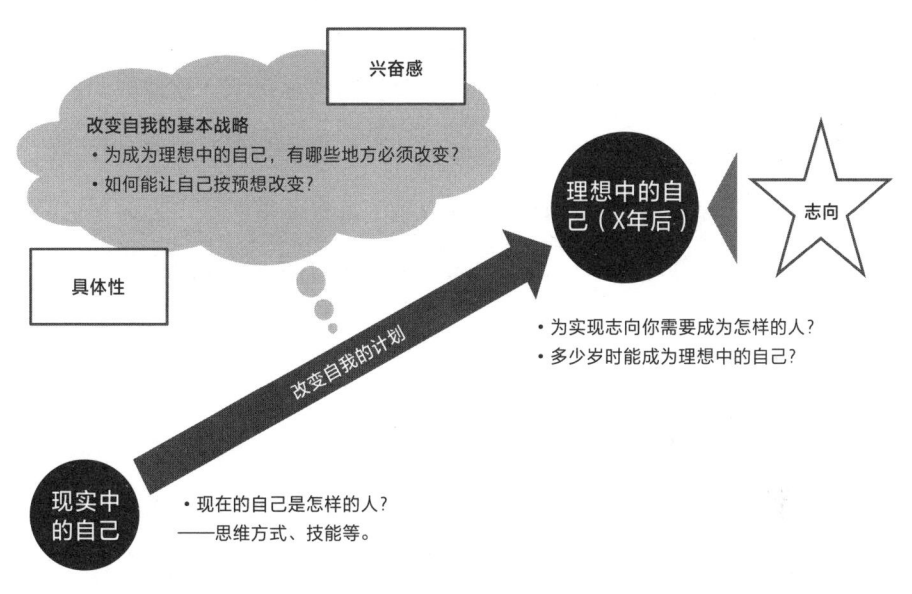

图4-5 改变自我计划的思考框架

理想中的自己

首先应该思考：理想中的我是什么样子？为了实现自己的志向，我需要成为什么样的人？比如，优衣库的首席执行董事之一若林隆广先生认为，"最棒又最帅的自己"就是他理想中的自己。

其次你需要明确自己要在多少岁时实现目标，即明确时间轴。若仅仅是定一个大概的时间，那么你永远都成为不了理想中的自己。

现实中的自己

相对地，也请思考现实中的自己究竟是什么样子，而回顾人生曲线可以帮助你回答这个问题。另外，如今已经有很多类似"优势识别器"这样的自身特性分析工具，用这些工具对自己进行诊断也是不错的选择。

制订改变自我的计划有两个要点：兴奋感和具体性。

兴奋感如同石蕊试纸

若领导自我的过程没能为你带来欢欣鼓舞的兴奋感，那就证明你得出的志向和领导自我计划依然浮于表面。当你想成为理想中的自己，想去实现自己的志向的时候，自然会觉得这个过程非常美妙，兴奋感也必然会从心底喷涌而出。所以，没有兴奋感产生的话，还是重新审视自己的人生曲线比较好。

具体性

目标如果不够具体，将难以实践，所以只有明确志向，才能得出具体的实现计划。如果你产生了兴奋感，真心想去实现志向，那么必须将其具体化并落实到行动中去，否则你的志向将永远停留在画饼充饥、南柯一梦的层面。

【专栏】宇佐美家孩子们的领导自我

我有三个孩子,现在的年龄分别是 28 岁(男)、22 岁(女)、10 岁(男)。幸运的是,这三个孩子都是同一个妻子为我所生(因为经常被人问到,所以话说在前)。长子目前隶属于某损害保险公司面向企业的商品开发部门,女儿是战略咨询顾问,次子(小家伙)作为某世界级少年合唱团的一员目前在欧洲居住,一年大约有一半的时间在世界各地巡回公演。现在长子和长女碰巧都在我以前供职过的公司工作,虽然我嘴上老说"你们净走老爸的老路可怎么行?",但实际上这三个孩子的确是经历了各自不同的领导自我的过程,才有了现在的发展。

▎长子:热衷于在开放水域游泳,走上了保险之路

自幼儿园起,长子一直在庆应教育系统中学习。由于在幼儿园游泳班里体验到了长距离游泳的乐趣和成就感,完成了袖珍版领导自我的过程,所以他萌生了"我要在开放水域游泳"的想法。在庆应高中和庆应大学上学时,他隶属于专注长距离游泳的叶山部门(在海里而并非在游泳池里的长距离游泳),每年夏天在馆山集训地待的时间比在家里长得多。而且在家时,也不忘每天早上五点起来

晨练。

说起长子为何加入保险公司，还有这样一段趣闻：当时他兼任叶山游泳部的主管和体育会总部干事，工作异常辛苦之时，仍不忘在深夜给社团毕业生们发送活动报告。其中有一位社团毕业生回了一条"加油"的消息，而这位社团毕业生正是如今长子所在保险公司的首席执行官。高层中有这样的人证明这肯定是一家好公司，于是，虽然当时长子还有投资银行等其他选项，但最终还是选择了这家保险公司，并且不介意父亲曾在这里工作过。

数年后，他和学生时代的好友一起计划游泳横渡加来海峡，可谓踏上了一条以开放水域游泳为支柱的人生道路。

事实上，自幼年起，长子曾多次受到肠套叠的困扰。他是在波士顿出生的，哈佛大学一位世界级权威的小儿外科教授认为其中必有蹊跷，于是为他做了手术，想一探究竟，结果并没有发现异常的地方，能做的也只有帮他切除阑尾而已。回到日本之后，长子旧病复发，万分困扰之时幸得东京大学教授、日本红十字会会员桥都浩平医生伸出援手，为他做了外科手术。手术之后再没有复发，现在他的身体健康到就算飞鱼跳进嘴里，也能再游几十公里的程度。我由衷感恩：他能和桥都医生以及长距离游泳相遇真是太好了。

长女——传说中乘地铁把池塘的鲤鱼带回家的小学生成了战略咨询顾问

长女从小就是一个相当特立独行的孩子，也曾干过不少蠢事。

其中最令人印象深刻的是，有一天，她心血来潮地从小学池塘里抓到一条鲤鱼（似乎是准备抓来吃的），然后用报纸包着乘地铁把它带回了家，引得妻子尖叫。后来长女的成人仪式也在那所小学举办，在这场同级生会聚一堂的庆祝盛会上，长女的班主任说道："把池塘的鲤鱼带回家的孩子就是你们其中的一员，如今她已经长大成人了。"听到这里，长女的朋友们都低头忍笑。总之，找到自己的兴趣会对一个人产生深远的影响。虽然她在小学低年级时就能令人惊叹地将圆周率背诵到第100位，但在社会常识方面，她完全没有学习动力，甚至给日本银行取了"暗黑组织"的外号。作为家长，我当时真有点担心她的前途。

到上高中时，长女终于迎来了转机。有一天，妻子看了日本广播协会的《爆问学问》节目，里面有一期关于联觉现象的讨论，妻子看后恍然大悟地喊道：这说的不正是发生在女儿身上的事情吗？于是，长女以往种种令人费解的言谈举止变得让人容易理解和接受了。"联觉"正如其字面意思，指的是类似从文字中感受到颜色、从声音中感受到颜色、从形状中感受到味道等只有一部分人才能体会到的特殊知觉现象，据说列奥纳多·达·芬奇就是具有联觉特质的人。带着"女儿真的有联觉特质吗"的疑问，我对东京大学的联觉权威横泽一彦教授进行了一番"死缠烂打"，他这才同意对她进行诊断，结果发现长女毫无疑问具有联觉特质。而她也需要开始认真思考该如何同具有联觉特质的自己相处，以及如何把联觉特质和将来想做的事情联系到一起。

自此之后，长女像是变了个人一样，之前我们再怎么推荐与社会常识相关的书籍，她都没兴趣读，如今她居然看得津津有味（或许她现在知道日本银行是怎么回事了）。联觉特质让她对脑科学萌生了兴趣，再加上在脑科学风险企业的实习经历，长女得到了启发。这恰好能和她一直想为世界贫困问题做点事情的想法相结合，再加上对新兴科学技术的灵活应用，她开始思考与以往不同的援助发展中国家的方式。

听说长女在大学参加辩论会之时曾就这个主题专门与别人进行讨论，她还去非洲做过志愿者。那时她对父母的担心置之不理，飞往坦桑尼亚待了三周，还成为到访当地村落的第一个日本人。回程时，她没赶上在阿布扎比酋长国的转机，拂晓时分打电话过来问我怎么办，我让她另买一张新的飞机票。后来，我们到成田机场接她，结果别说道歉了，她一开口就义正词严地辩解道："我去非洲是上天的旨意。"这句话至今仍清晰地留在我的脑海里。看来她在采取具体行动之前也考虑了很多。之后，她将为解决贫困问题寻找新的方式贡献力量作为自己的志向，为了获得解决战略咨询问题的能力，她去轻敲心仪的战略咨询公司的门时才发现：正巧她的父亲就在门的里面，而且能助她一臂之力。

小家伙的故事——安静地领导自我

次子小家伙是某世界级少年合唱团的团员。他 9 岁时赴欧洲，作为预科生寄宿在德语环境的宿舍里，同时在合唱团以及合唱团所在学校接受训练和学习。一年后他成为正式团员，并开始参与世界巡回演出。合唱团第一次到印度公演的时候，我也"追星"追到了新德里。拜这次公演所赐，我有机会前往优衣库印度1号店参观，也因优衣库对印度人生活的改变而独自感动。

小家伙是家里的老幺。父母自不用说（周围人常说他就像我们的半个孙子），就连年长不少的哥哥姐姐也对他疼爱有加。他爱撒娇，性格又文静，可以说是不出挑的普通孩子。然而有一天，妻子发现小家伙拥有绝对音感（我知道妻子也有这方面的特长），于是我们试着劝说他学习音乐，后来他就加入了东京某少年合唱团。刚开始他的自我事业化指数为零，总是一副勉勉强强、不得已而为之的样子。

不过在老师们的指导下，他的歌唱得越来越好，而且在音乐会上看到观众们听到歌声后幸福的脸庞，他似乎也非常开心。以此为契机，小家伙发生了令人刮目相看的变化。少年合唱团平常每周练习两次，周中一次、周末一次，每次练习时间是2~3小时。当选中他成为歌剧演出者之一后，他的练习量更是倍增。然而不可思议的是，再怎么辛苦，小家伙也完全没有厌烦情绪，只是默默地专心练习。

恰巧此时他去现场看了某世界级少年合唱团的访日演出，合唱团的歌声令他深深着迷，于是立下了想在这样的合唱团唱歌的志向。这种志向正是柳井正先生所谓"说大话"级别的构想。一开始的确只是梦想而已，没想到机缘巧合，他获得了参加那家合唱团选拔的机会。为了在那家合唱团的选拔中脱颖而出，除了完成少年合唱团布置的练习之外，我们还请了专门的声乐老师来训练他。虽然老师很有水平，小家伙也进步很快，但有时仍然没法做到随心所欲地发声，为此我和妻子在老师办公室所在地饭田桥的过街天桥上哭过不止一两次。

后来奇迹发生了。在和评委老师单独面对面的甄选过程中，老师问小家伙想唱什么曲目，他回答道："我要唱《绿树成荫》"。听到老师说"你选的歌很棒"时，小家伙不由得心跳加速。他演唱时的发声非常顺畅，歌声也婉转美妙。此曲唱罢，评委老师当即邀请小家伙参加合唱团的夏日集训。听到这个消息，我在和老师握手致谢时不由得号啕大哭，场面一度十分尴尬，直到现在我仍时不时因这件事被小家伙冷嘲热讽。

接下来，合唱团的夏日集训顺利落下帷幕，小家伙甚至一点都没想家，最终成功获得预科生资格。7月底夏日集训刚结束，9月初就急着去国外做预科生。对于之前毫无在外漂泊经历的孩子而言，离开父母开始寄宿生活，歌唱训练和学校课程都在全德语环境中进行真的没问题吗？梦想变成现实之时，作为父母的我们必定会有所担忧。

有一天我和小家伙一起睡的时候，我试着问了问他的想法。比如：今后在海外做预科生的日子里必定会面临许多艰难困苦，你真的想去吗？你不必非要勉强自己去回应父母的期待，我希望你能说说自己的真心话。小家伙听了以后，泪眼婆娑地说："我想去。"我问他为什么一定要去时，他回答道："我想用我的歌声带给人们满满的幸福感。"

> **安静地领导自我**
>
> 用家族逸事为题材实在是过意不去,上面就是宇佐美家三个孩子各自不同的领导自我的故事。父母如果总是说三道四、将自己的意愿强加于人,孩子将很难听取意见。我想,父母能做的只有帮助孩子们察觉各种各样的可能性罢了。

使僵化的思维积极起来

确定自己已经有兴奋感、具体的志向和改变自我的计划之后,下一步就是实践。在实践过程中,即使遭遇失败也要重整旗鼓继续挑战,此外还须训练出将实践与最终能否取得成果直接挂钩的思维方式。

如何解除自身的束缚

上一章阐述了"解除自身的束缚最终只能靠自己"这一观点,其中还穿插了罗杰·班尼斯特现象加以说明。这里所说的解除自身的束缚,听上去或许过于夸张和严肃——彻底推翻自己多年以来的经验听上去似乎是一件难事。然而事实上,这件事意外地简单。脑科学研究的调查结果显示,人有可能从消极思维方式转变为积极思维方式,而且在短时间内就能做到这一点。

拥有"毫无根据的自信"

我认为,解除自身的束缚,令自己有勇气踏入未知的沼泽的关键在于,拥有"虽然很困难,但我总有办法"这种"毫无根据的自信"。

这种"毫无根据的自信"能否帮助你，很大程度上取决于你能否从积极的方面思考。与生俱来的性格因素固然有影响，后天的训练培养也很重要。优势识别器的诊断结果显示，我最为突出的强项就是积极性，而且积极性对战略咨询顾问而言，是罕见的"大大咧咧"的特质。恐怕我遭遇跳高全国大赛落选的重大挫折后东山再起，获得兵库县跳高第一名、一次考上东京大学这些"塞翁失马，焉知非福"的经验，也与"老天在照看着我"这种"毫无根据的自信"紧密联系在一起。

大家多多少少遇到过挫折，也有在挫折中重整旗鼓的经历。通过回顾自己的人生曲线，试着弄清楚自己当时的想法是什么，又是以什么为契机重新振作，就自然能够建立起"毫无根据的自信"。

反其道而行之

再进一步，如能具备反其道而行之的思考习惯，可加速消极思维方式向积极思维方式的转变。你是否有过这样的体验？当你非常想要某款车或者某款名牌包时，会觉得大街上随便扫一眼都能看到那种车型或背着那个名牌包的人。

有这种体验，原因就在于大脑的网状激活系统（Reticular Activating System，RAS）。我们输入大脑的大部分信息在 RAS 处中转，RAS 承担了筛选信息，并判断出哪些信息需要注意、哪些信息需要重视、哪些信息不需要重视的责任。据说 RAS 的过滤算法是基于自我的坚定信念形成的。

当你非常想得到某款车或者某款名牌包时，会改变大脑中过滤器的筛选机制。其实那种车型和那款名牌包一直在那里，只是此前的你看不见而已。这是一种因强烈意愿导致之前忽略的事物重新映入眼帘的现象（图 4-6）。

RAS是大脑的认知过滤器
- 大脑是由从脑干处聚集的神经细胞以放射状延伸而出的神经纤维构造而成的。
- 因为呈类似网眼状，所以称为"网状结构"。
- 输入大脑的大部分信息在RAS处中转，RAS会对这些信息进行筛选，并且会判断出哪些信息需要注意、哪些信息需要重视、哪些信息是不需要重视的。
- RAS的过滤算法是基于自我的坚定信念形成的。

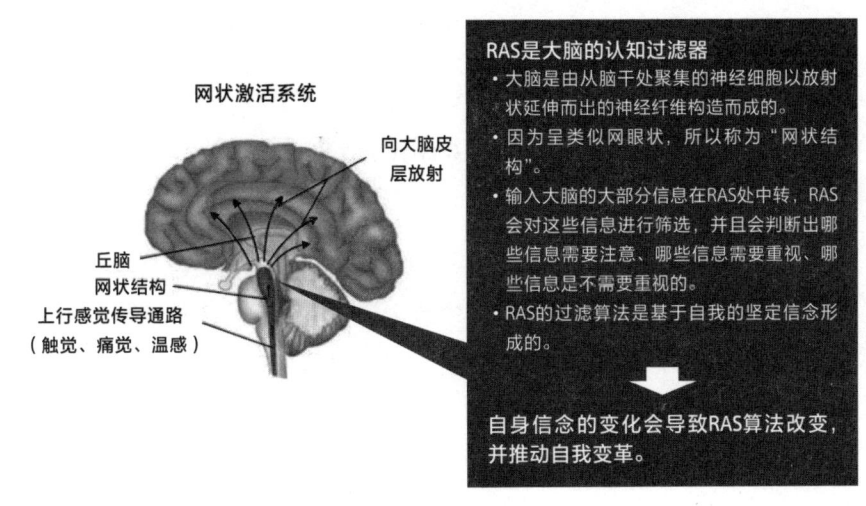

自身信念的变化会导致RAS算法改变，并推动自我变革。

网状激活系统
- 向大脑皮层放射
- 丘脑
- 网状结构
- 上行感觉传导通路（触觉、痛觉、温感）

图 4-6　对 RAS 反其道而行之

培养积极的思维方式的好习惯

如能借助 RAS 对大脑的故有偏见巧妙地反其道而行之，则很可能会推动自我变革。健康内容平台 Thrive Global 的研究结果显示，坚持每天实践图 4-7 中的习惯，坚持 32 天，就能改变 RAS，培养积极的思维方式。人是能够改变的，而且短时间内就能做到。

① 试着忽略消极的思维方式，选择用积极思维方式重新审视，看看会有什么不同。形成改变思考问题的方式的习惯。

② 好好思考：为实现积极的思维方式，我应该采取怎样的行动？

③ 睡前回顾今天一整天发生的事情，回顾当消极想法出现时自己是如何思考的，又采取了怎样的行动，并思考从明天开始，如何考虑问题、如何行动，才能让自己更积极一些。

研究结果显示，每天重复上述三点，坚持32天，就能培养出积极的思维方式。

来源：Thrive Global

图 4-7　培养积极思维方式的好习惯

【专栏】单身妈妈的自立之路

我是东京南扶轮社的 10 年会员，2019—2020 年度被任命为社会服务委员长。遵照尾木彻会长的指示，我社向致力于解决日本贫困问题的格莱珉日本①提供支援，成为为其保驾护航的重要支柱。为此，还将重新组织社会服务活动，为东京南带来了不一样的活力。

作为其中一个环节，格莱珉日本的百野公裕理事长和日本单身妈妈帮扶协会的江成道子代表理事一同举办了与日本贫困问题相关的学习会。

其间，我听到这样一句非常有意思的话：将单身妈妈消极的思维方式转变为积极的思维方式，是使其实现经济独立的根本所在。

日本贫困问题的现状和构造

虽说日本是发达国家，但最近关于"日本实际上是否只是一个发展中国家"的疑问，人们议论纷纷，而贫困问题是其中最具代表性的论据。虽然 2009 年日本已经消灭了贫困，但是从相对贫困率（指可支配收入处于中位数一半以下的人所占的比例；2015 年时的贫困线是可支配收入为 122 万日元）的层面放眼全球，日本贫困问题的实际

---

① 格莱珉日本，即诺贝尔和平奖获奖者尤努斯博士的格莱珉银行日本版，于 2018 年 3 月设立，由百野公裕担任理事长。格莱珉日本推行以五人一组、互相帮扶的合作形式来帮助人们实现经济独立，并在财富教育、就业帮助、创业帮扶等方面起到充当微观金融机构的作用。

状况才浮出水面。日本位于贫困线以下的人所占的比例为15.6%，位居世界倒数第四位，这意味着约2000万人在贫困的生活中苟延残喘。如图4-8所示，日本贫困问题的构造呈现出从父辈到子辈差距逐渐扩大的贫困连锁结构，即贫困→未接受高等教育→非正规员工、低收入→孩子也未接受高等教育→贫富差距扩大。

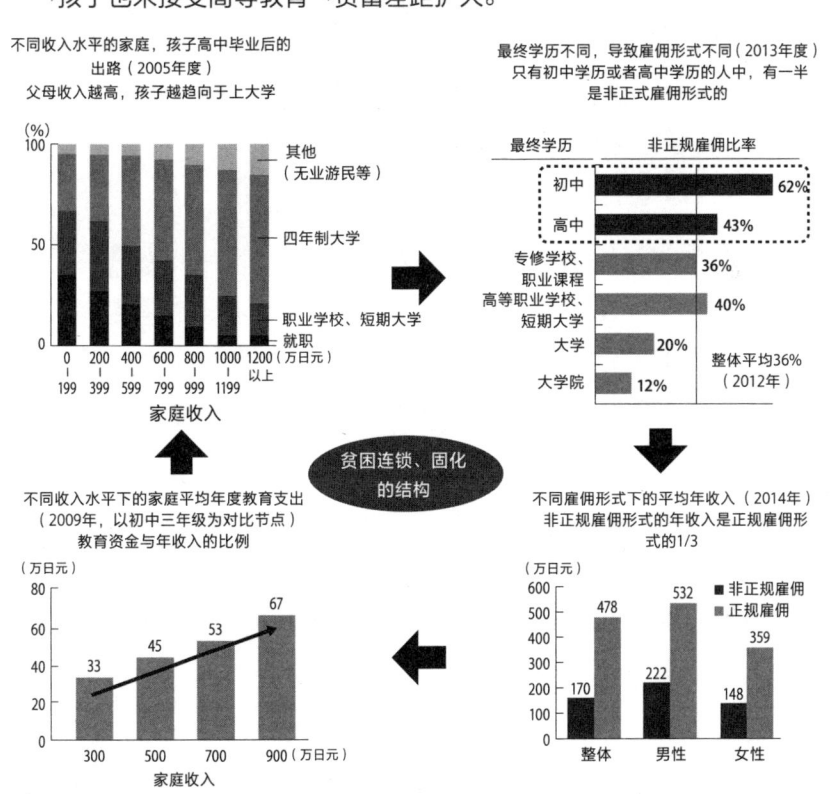

不同收入水平的家庭，孩子高中毕业后的出路（2005年度）
父母收入越高，孩子越趋向于上大学

最终学历不同，导致雇佣形式不同（2013年度）
只有初中学历或者高中学历的人中，有一半是非正式雇佣形式的

最终学历	非正规雇佣比率
初中	62%
高中	43%
专修学校、职业课程	36%
高等职业学校、短期大学	40%
大学	20%
大学院	12%

整体平均36%（2012年）

贫困连锁、固化的结构

不同收入水平下的家庭平均年度教育支出
（2009年，以初中三年级为对比节点）
教育资金与年收入的比例

不同雇佣形式下的平均年收入（2014年）
非正规雇佣形式的年收入是正规雇佣形式的1/3

注1：微观金融机构是指为生活贫困（贫穷）者提供小规模无担保融资的金融服务（保险、汇款、储蓄）机构。
注2：2007年在美国设立的格莱珉美国用了约10年的时间，为大约10万人提供了8.7亿美元（约930亿日元）的融资，创造了10.5万余个就业机会。
注3：厚生劳动省的调查结果显示，15.6%的日本国民，即1/6的日本国民约2000万人生活在贫困线以下（2015年）。之前的30年里，日本单身妈妈中一直有超过半数的人处于贫困中，这在经济合作与发展组织（OECD）35个发达国家中独此一个。
来源：综合总务省《就业结构基本调查》、总务省《劳动力调查》、总务省《民间薪资实际状况统计调查》、生命保险文化中心《生活意识调查》联合研究，并经由经济产业省借助BCG分析制作而成。
来源：格莱珉日本制作的宣传册（2019年）

图4-8　日本贫困问题的现状和构造

▍日本过半的单身妈妈都位于贫困阶层

日本约有 120 万单身妈妈,其中位于贫困阶层的约六成(约 70 万人),她们的平均年收入停滞在大约 200 万日元(出处:日本单身妈妈帮扶协会)的水平。为致力于解决单身妈妈的贫困问题,让她们实现经济独立,设立了格莱珉日本和日本单身妈妈帮扶协会(于 2013 年 7 月设立,由江成道子女士担任代表理事)。

▍单身妈妈经济独立的关键

根据江成代表理事的话,单身妈妈如能在经济上实现独立、年收入提高到 400 万日元的水平,总有办法让孩子接受高等教育,这也将成为摆脱前文所述贫困连锁的开端。

江成道子代表理事认为,单身妈妈实现经济独立的最大瓶颈并不在于实际能力,而在于家庭主妇的思维定式和自我认同感不足,这可谓振聋发聩的结论。她还说:试着去了解一下求职现状就能发现,在劳动力不足的大背景下找一份年收入 400 万日元的工作并不是难事(例如:营业员等),然而仍保有主妇思维的单身妈妈们的思维定式,如"我干不了那个工作;没当过营业员;只做过文员类工作;因为有孩子所以只能兼职,还必须在周边"等,严重阻碍了她们提升年收入,使她们不得不陷入年收入较低的境地。

而如果从最低年收入(比如 400 万日元)反推,你会思考:有哪些招聘机会适合我(很多单身妈妈根本不清楚有哪些招聘机

> 会)？我该怎样做才能获得那个职位？日本单身妈妈帮扶协会在手把手地帮助单身妈妈从主妇思维向户主思维慢慢转变，而成功完成此种思维转变，最终实现经济独立的事例也在不断增多。
>
> 　　在不远的将来，领导自我的方法将有助于单身妈妈的思维从主妇层面转向户主层面，有助于格莱珉日本五人小组"羁绊"的形成，也能够为强化格莱珉日本志愿者团队"羁绊"贡献力量。而我想为实现单身妈妈经济独立、打破日本贫困连锁助一臂之力的想法也愈加强烈，有朝一日取得一些成果时我希望有机会讲给各位听。

摆脱"窝里横"

　　有些日本人在大学毕业进入公司后深受公司氛围影响，视野渐渐变得狭窄。因此，让他们改进、蜕变的关键点在于帮助他们摆脱在公司养成的"窝里横"的习性。

　　摆脱"窝里横"有很多种方法。你可以从阅读各行业和各公司的书开始，或听听演讲、在学习会上露个脸、参加跨行业交流、留学，最近还新加了一种方法，叫作停薪留职。不过，摆脱"窝里横"最好的方法还是跳槽。

　　我在介绍人生曲线的时候讲过，我的职业生涯开始于东京海上日动火灾保险公司，经历留学生涯后转行进入战略咨询行业。随后在迅销集团,一边被柳井正先生猛烈训斥,一边熟悉经营的全过程。再往后重返战略咨询行业,鲁莽地决定在57岁时创业,积累了与普通日本人迥异的职场经验。

我并不打算让各位读者也度过这样一段曲折的职业生涯,但我认为,如果你真的想让自己经历蜕变后焕然一新,只有将自己置于彼此间认真决胜负、互相切磋的环境中才行。读书、遇到各种各样的人作为基础固然很重要,但要在真正意义上摆脱"窝里横",只靠这些是不够的。即便没法跳槽,你也有近似的选项,比如停薪留职。另外,有些跨行业交流研讨中也会有磨炼、切磋的环节,大家正好可以借助这个机会摆脱"窝里横"。

领导自我训练营

典型例证就是第二章中的领导自我训练营。

我们对训练营的毕业生做了问卷调查,想听听他们从训练营毕业后的1~2年是在什么地点、以何种方式实现自我成长的,以及他们在训练营中学到的哪些东西成为他们撬动职业生涯的关键杠杆。

图4-9是某位女性参与者的回答,经她本人允许后原模原样地呈现给了大家。其他受访者的回答,大多是此类:深刻反省自身志向、与同伴分享并创造强有力的"羁绊"、基于"羁绊"互相切磋的同时自我蜕变、获得一生的挚友。

> **训练营结束之后，你觉得自己在哪方面获得了怎样的成长？请用具体事例说明。**
>
> ①【挑战开拓新领域】
> 全球化研发体系的构建和推进，是因难易度和复杂度而被忽略的领域，也是我自己忽略了的领域。之后我自觉行动并做出改变。风险也是妙趣。
> ②【以多样性的融合为支柱，挑战新价值创造】
> 推进不同领域多种形式的产、学、研融合，挑战新的价值构想。诉说梦想，一同实现！

> **你觉得训练营中学到的哪些内容能与上述成长联系起来？**
>
> - 跨行业融合的魅力：通过与各行各业的成员一同经历令人热血沸腾的《日本独创商业提案》，切身感受到超越原有领域的融合魅力。令人热血沸腾的思想与迫切地想在自己的公司实现的愿望联系在一起。
> - 领导自我：与自己的志向对峙，将实现自身社会影响的具体时间与行动紧密联系在一起。
> - 憧憬的领导者们：实际感受一同参与训练营的宇佐美润祐先生和其他成员的领导力是最为宝贵的一课，有种耳边不断有人一边喊"穷你所思、尽你所能"一边推着你的背前进的感觉。

> **给三期生的信息**
>
> 在领导自我训练营中与伙伴们的相遇会成为你一生的宝藏。
> 它将如同"熔岩"一般，驱使你向梦想进发。
> 不要设定极限，充分考虑可能出现的烦恼，享受飞跃过程中的自己。
> 之后我一定会羡慕各位在训练营中获得令人热血沸腾的经验，我真想再次体验！

来源：领导自我训练营毕业生（Alumni）问卷调查

图 4-9 领导自我训练营结束两年后的切身成长感受

最初提议建立此训练营的人是我大学时田径队的前辈，如今他是三得利公司的人才培养责任人。训练营结束后，他收到许多热情洋溢的反馈，令他不得不感叹："这些散发着惊人能量的反馈到底是怎么回事？看来我们搭建了一个很了不起的平台。"

训练营在两个月间，仅仅有三次集训的机会，每次集训的时间为两天一夜。训练营的大致流程是这样的：先通过领导自我研修会完成自我事业化并创造"羁绊",接下来以此为依托,各公司的王牌经理将在异常紧张的两个月内真刀真枪地决一胜负,并进行推心置腹的讨论。接下来,利用轮询调度的方式互相找碴儿,了解他们是否只能在现状的延长线上思考问题,以及他们是否只能在狭小的封闭世界中思考问题。然后就到了从悔恨、奋起、诚实到残忍地相互反馈意见(这里借用了担任 FRMIC 副校长的竹内弘高教授的话)的时段,与此同时,磨炼和切磋仍不能丢。

训练营中提出的经营构想,不一定需要具备和谐感或优等生的风范,未经雕琢的经营构想也丝毫没有问题。训练营提倡大家踊跃地构建融合自身志向的经营构想,之后就要靠大家认真思考,并留意这个过程中自己能获得怎样的促进作用。

现在,先从读书、与许多公司外部人士会面开始,待基础打牢靠之后,请尝试将自己置于认真决胜负、互相切磋的环境中。

即使遭遇失败,也要坚持下去

养成良好的习惯并坚持下去,日积月累之后,定会显现出与付出时间相符的令人惊叹的巨大差别。图 4-10 是我在演讲时经常使用的一张幻灯片,其中以一年时间举例思考了这样一个问题:将相同的事情(1.00)每天重复仍然是 1.00,但是稍微努力一下(1.01)并坚持 365 天后就会变成 37.78,而如果每天偷懒一点(0.99),一年后就与稍微努力的结果差了 1453 倍。通过很简单的计算就能得出这样的结论。各位读者也可以试着培养适合自身的好习惯(例如,优衣库的若林隆广先生有每晚睡觉前与"最棒又最帅的自己"对话的习惯),每日坚持,"培养前所未有的优秀的自己"。

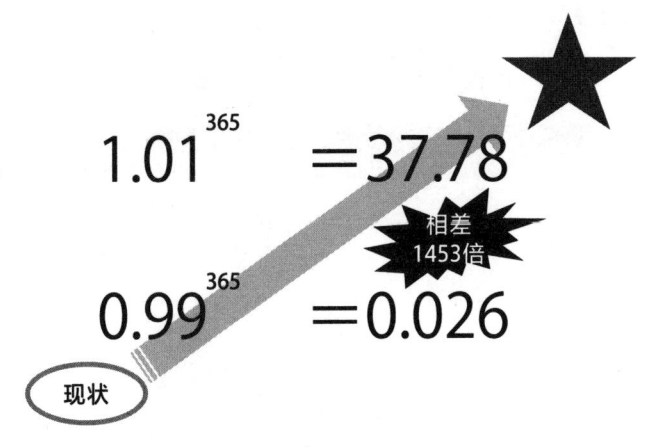

$$1.01^{365} = 37.78$$

$$0.99^{365} = 0.026$$

相差1453倍

现状

图 4-10　坚持的力量

改变组织的四个小贴士

之前虽然聊过改变自我的小贴士，但是，仅仅是个人觉醒，并不意味着组织能理所当然地获得好的结果，毕竟一个人的力量是微不足道的。本部分将为大家介绍改变组织（领导团队）的小贴士。

以可燃性人才为目标——2∶6∶2 法则

谈到改变组织时，首先必须知道一个概念，就是 2∶6∶2 法则。如图 4-11 所示，人分为自燃性、可燃性和不可燃性三种类型，它们的比例为 2∶6∶2。

以我的经验来看，自燃性人才和不可燃性人才所占比例均不到两成（依据我的项目经验，不可燃性人才仅占到总人数的10%～15%）。按正态分布来区分时，三种类型人才近似的比例为2∶6∶2。

点燃可燃性人才心中的火焰是改变组织的关键

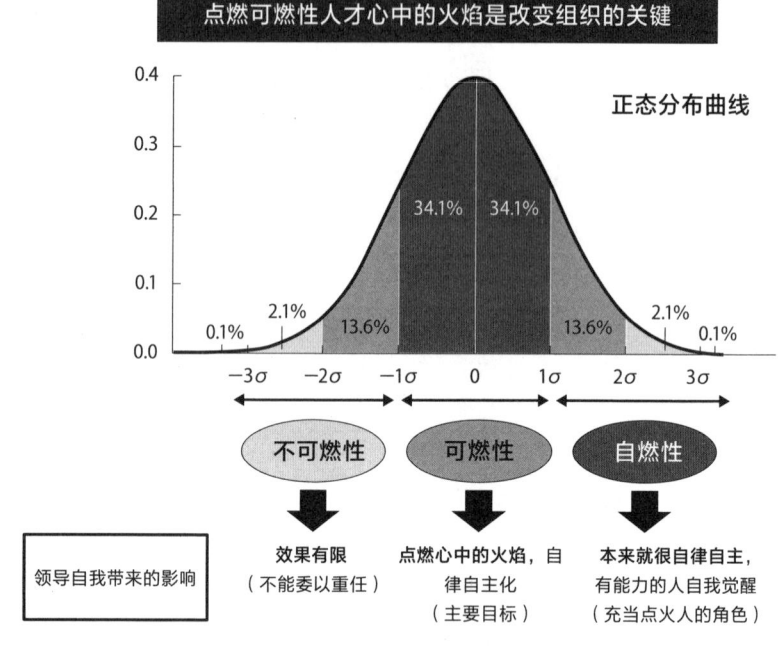

正态分布曲线

	不可燃性	可燃性	自燃性
领导自我带来的影响	效果有限（不能委以重任）	点燃心中的火焰，自律自主化（主要目标）	本来就很自律自主，有能力的人自我觉醒（充当点火人的角色）

图4-11 2∶6∶2法则

目标是可燃性人才

从图4-11中可以明确看出，要想改变组织，应该重点关注可燃性人才。因为他们在组织中占据超六成的比重，而且具备点燃心中火焰的素养和条件。下面来聊一聊如何才能点燃可燃性人才心中的火焰。

让自燃性人才充当点火人

为了尽早、有效地点燃可燃性人才心中的火焰，最快的方法就是创造点火手段。

由于自燃性人才平时就具备一定的志向和思想，而且能独立思考、自律自主地办事，所以即便让他们实践领导自我方程式，也不会有额外的提升效果。不过，他们恰恰适合充当点火人的角色。通过点燃可燃性人才心中的火焰，他们自己也能学到很多，并且在这个过程中形成教育链，构建互教互学的良好教育氛围。因此，也可以将自燃性人才称为变革代理人。

培养点火人、变革代理人的有效方法就是开展点火人养成研讨会。从我的经验来看，具体做法一般是将变革代理人集中起来，一同进行领导自我研修。研修过程中自然离不开领导自我的基本框架，但与一般的研修会不同的地方在于：这次研修的着力点在于教会大家点燃可燃性人才心中的火焰，以及怎么当老师。

让可燃性人才实践领导自我方程式

接下来，领导自我研修正式开展。自燃性人才作为老师、引导者，可燃性人才作为对象。领导自我对可燃性人才具有令人惊叹的效果。

在举办面向海外客户的领导自我研修会时，某位外国女性在研修会的最后说了这样一段话："我之前一直认为上班就是为了挣工资，但是参加今天的研修会后我才明白，我真正想做的事是帮助周围的人，从帮助别人的过程中我能获得最大的幸福感。于是，我对目前自己在做的工作也有了不一样的认识。真的非常感谢大家。"这就是可燃性人才心中的火焰点燃的那一瞬间。据说她志愿加入了组织氛围变革特别工作小组，如今仍非常活跃。

打破"同床异梦"和"一枕黄粱"

"同床异梦"和"一枕黄粱"是阻碍组织变革的两大毒瘤。"同床异梦"指的是同一团队中每个人的目标各不相同,"一枕黄粱"指的是以部门利益优先,但没考虑整体最优化,导致无法取得显著成果。这两个问题的根源都在于组织未能构建真正意义上的信赖关系。

虽然组织提出了"愿景",但对其本质含义有各种不同的解读,有名无实,就会造成"同床异梦"的问题。只要团队内部能真正推心置腹地沟通交流,这一问题就能得到解决。

"一枕黄粱"的问题解决起来稍微麻烦一些。因为人们往往意识不到,只有超越各自的部门,站在整体最优层面考虑问题才有意义。本部门利益最大化的工作激励制,再加上对其他部门的猜忌,致使各部门之间耸立着坚固的壁垒。而打破"一枕黄粱"壁垒的第一步,就是在各部门高层之间构建信赖关系。

打破管理层中存在的"同床异梦"和"一枕黄粱"

我将为各位介绍一个自己亲身经历的事例,具体说明如何重新构建管理层之间的信赖关系,从而打破"同床异梦"和"一枕黄粱"的不良局面。

我的一个客户面对严峻的经营环境,急切地想要通过巨大变革来改善局面,哪怕变革中伴随着痛苦。这家公司的经营愿景固然是有的,但徒有虚名,董事们在接受采访时所说的目标方向非常不统一,董事之间也存在争夺势力范围的问题,导致与全公司最优的经营状态相距甚远,业绩也持续低迷。

面对此种局面,我在变革项目中嵌入了领导自我的内容,举办了一整天的研讨会,要求包含管理层在内的所有董事参加。研讨会上,董事们分享了各自的自我渴望,并以此为起点就管理层的根本价值观进行了相当深入的讨论。

研讨会的最后,这家公司的首席执行官这样说道:"一开始,我对研讨会的效果半信半疑,真没想到我们的根本价值观会涉及'仁爱'这个词语,也没想到会有这样一个管理团队推心置腹交谈、加强凝聚力的好机会,举办这次研讨会真是太好了!"各位董事也表示,听听"最熟悉的陌生人"讲述各自的想法很有意义。希望能更多地从整个公司的层面考虑问题,团结一致,共渡难关——类似这样的评论层出不穷。虽然我并没有指望仅靠一次研讨会就能打破"同床异梦"和"一枕黄粱",不过毫无疑问,它成为掀起变革巨浪的第一步。

领导自我可以为经营难度高的管理层带来新的冲击,而对于以部、科为单位的团队而言则会有更好的效果。通过分享在领导自我过程中总结的志向、围绕团队根本价值观深入讨论,不仅能够打破"同床异梦"的不利局面,使大家劲儿往一处使,而且能敲碎"一枕黄粱"的壁垒,使大家在工作上相互扶持、共同参与。于是,在磨炼、切磋中每个人都获得成长,成功实现组织变革。

凭借"三位一体"选拔人才

日本企业难以提拔年轻人的缘由

许多经营者都认识到提拔年轻人的必要性,却难以落到实处。我在

《在优衣库学到的经营者人才培养方法》(《哈佛商业评论》2017年4月号)一文中指出了四种日本企业固有的风气,即精英集团强烈的同届和长幼意识、抱团保送王牌的形式、失败即否定一切论,以及公司专业经营者的错误培养方式。其中,首先会对提拔年轻人形成阻碍的就是强烈的同届和长幼意识(图4-12)。

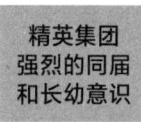

风气	表现	结果
精英集团强烈的同届和长幼意识	"从同届意识和精英意识较强的员工中迅速且大胆地提拔、锻炼某一位员工是很难做到的,因为这会极大打击其余同届员工的积极性。"	无法提拔
抱团保送王牌的形式	"仍旧有不让王牌受伤、不让王牌经受失败的心态。" "王牌经受考验参与业务重建,结果遭遇失败。首席执行官反而斥责其他人为什么要把他送到有风险的地方。"	不给予锻炼和考验
失败即否定一切论	"说是让我去挑战一下。遭遇失败后,职业生涯即告终结。毕竟只是嘴上说得好听。" "即使遭遇失败也要蒙混过去,让别人不清楚到底失败没失败,这样我才不会受伤。"	不承担风险
公司专业经营者的错误培养方式	"没出什么成果的人都当上了董事,看来要当专业经营者,学会为人处世才是硬道理。想来真让人觉得悲哀。"	协调岗位在增加,却培养不出专业的经营者

图4-12 日本企业(尤其是名门大企业)固有的风气

我在这篇文章中建议日本企业与长幼意识挥手作别,大力提拔年轻人,然而日本企业仍处于摸索阶段,目前能做的仅仅是暗中留意新入职的优秀人才,并让他们在一定范围内进入职业上升通道。但是,在VUCA不确定性的业务环境下,这样的做法远远不够,也很难培养出引领变革的经营者人才。某位传统名门企业的总经理曾说过这样一段话：

以往公司的竞争力依托于这样的机制：录用优秀学生，让他们满怀有朝一日成为董事的期待和野心，开足马力努力工作，即便他们职业生涯行将结束时仍不能确定自己能否当上董事。我心里很清楚提拔年轻人的重要性，但是若真这样做了，就很可能丧失这种竞争力源泉，所以我真的有很多顾虑。

这位总经理主导了企业的多次变革，可谓改革派先锋。但即便是像他这样的人，也会受到掣肘，你就可以想见日本企业内部壁垒之高。

提拔年轻人，就是现在！
以往日本企业里的人才竞争模式渐渐不再成立。

之前以终身雇佣为前提的劳动者就业模式，因千禧一代崭露头角发生了很大变化。千禧一代在选择就职企业时更重视这家企业为世界带来了哪些美好，而在一家公司"从一而终"的传统观念到他们这一代时已渐趋薄弱，如果有机会从事自己想做的事情，他们会毫不犹豫地另谋高就。

此外，在VUCA环境下，为使企业从困局中脱颖而出需要灵活构思和行动，必须大量培养能够引领变革的年轻领导者。

给予考验
提拔了年轻人之后，要给予他们考验。

之前提到过，优衣库提倡"穿宽大的衣服"，即给予年轻人当下难以应对的考验，劳其筋骨，从而使他们蜕变。下面是一些考验的例子：

- 通过委以重任，使之得到锻炼；
- 使之在不熟悉的环境下工作，从而得到锻炼；
- 在跨部门项目中得到锻炼；
- 通过与外部人才切磋得到锻炼；
- 在停薪留职的过程中得到锻炼；
- 在留学过程中得到锻炼。

如前文所述，传统日本企业的人才竞争模式已不再适用于现在的环境，因此需要寻求向"提拔年轻人、给予他们考验、使其蜕变"的模式转变。

经营、人事、教育三位一体

实践模式转变的要点在于经营、人事和教育三位一体。若想提拔年轻人，不仅需要经营者和人事部门拍板，还必须由教育部门决定究竟把谁加入人才序列。

另外，关于给予年轻人什么考验的问题，仅仅靠上课研修是不够的，还需要人事和教育部门密切协作，一同思考想让选拔的人才积累怎样的经验，以及培养过程中会出现怎样的变动，在此基础上制订人才培养计划；并且在人才培养计划里加入经营愿景方面的内容。在很多企业里，教育工作归"研修室"管，人事工作归"人事室"管，这种职能分散、方向各异的分配随处可见。也有些企业将经营和人才培养工作外包，自身不怎么参与。但实际上经营、人事和教育三位一体，是培养优秀人才的必要条件。

营造允许失败者复活的挑战性环境

提拔年轻人,通过给予考验使其成才,其中关键点在于是否允许失败者复活。如果没有失败者复活机制,参与者在接受选拔和考验的过程中一旦失败则满盘皆输,那么谁都不愿意挑战发起变革这种又难、风险又大的事情。

承担失败责任的本质意义

在《经营者养成笔记》中,"变革的能力"的第四项是:不畏风险,勇于尝试,敢于失败。里面关于"承担失败责任的本质意义"有这样一段描述,堪称箴言,概括了优衣库的根本优势。

> 遭遇失败后,有些人因此中途出来道歉并引咎辞职,但是,这并不是为失败负责的做法。
> 如果真想为失败负责,就应该"拿出不达目的誓不罢休的劲头,不断摸索尝试。在意识到遭遇失败之后,认真追究原因,并从失败中总结经验教训"。
> 然后,"将从失败中获得的经验教训运用到今后的工作中,以取得成果"。
> 这才是为失败负责的做法。如果能这么做,那么不管失败多少次都没有问题。因为我们一定能在失败中获得成长。

平时做组织管理工作时,能用上面的思维方式准确抓住"为失败负责"要领的人有多少呢?管理者不觉得用这样的思维方式来管理会造就很强大的组织和团队吗？

"在日本的企业里出人头地的人并不是发起变革的人，而是不愿承担风险的人"——这是一句让人笑不出来的玩笑话，但它真切地反映了因为勇于挑战而遭遇失败的人在日本企业会受到何种对待。周围的人都在关注失败的人会受到怎样的对待，如此日积月累，才形成了这样的组织氛围。举起变革和挑战大旗的企业很多，但这并不意味着变革和挑战必然获得成功——越是大的变革和挑战，失败的概率越大。

如前文所述，柳井正先生在柚木治先生因蔬菜业务失败而携辞呈前来面见他之时，要求他"加倍奉还"。正是如此对待失败的方式，造就了 GU 品牌如今 2400 亿日元的销售额。潘宁先生在中国内地的业务遭遇失败后，柳井正先生让他暂时回到日本卧薪尝胆，之后让他负责中国香港的业务，而中国香港业务的成功也成为现在中国内地业务乃至整个大中华区完成 5000 亿日元销售额的出发点。

说起将企业环境转变为允许失败者复活的挑战性环境，你或许会认为这很了不起，但其实组织环境也是在应对一件件事情和变故的过程中日积月累形成的。当每一位领导者正确理解了"为失败负责"的本质意义，并在组织、团队中实践，那么在此过程中产生的成功事例也会在其他组织中广为传播，最终成功改变企业环境。

勇于尝试，学习榜样

三得利公司有一句有名的宣传口号："勇于尝试。"

2000—2005 年，三得利公司的威士忌业务因市场需求低迷陷入困境，工厂的生产无法顺利进行。这时，某位三得利公司的员工注意到嗨棒（HighBall）威士忌的潜力，在"默听"①状态下提前大量订购嗨棒威士忌的酒瓶，改变了"总之先来杯啤酒"的世界，从而引发了如今的日本威士忌热潮，这段故事也成为一段佳话。那位员工确实很伟大，但你不觉得默许员工"默听"、绝不拆台的上司和三得利公司更伟大吗？

三得利公司的人告诉过我，"勇于尝试"原本只是"勇于尝试，学习榜样"这句话中的上半句。"勇于尝试"是给下属提出的要求，从而奖励承担风险、从失败中学习的人；而上司则需要以身作则，冲锋在前。希望各位读者务必成为这样的领导者，每一位领导者的意识变革、行为变革均有助于逐渐营造出允许失败者复活的挑战性环境。

本章讲述了通过领导自我"培养前所未有的优秀的自己、培养伙伴、打造最强的团队"的10条要诀，以及实践小贴士，并且从改变自我（以自我事业化为起点）和改变组织（以创造"羁绊"为起点）两个角度加以讨论（图4-13）。

---

① 指日本麻将中听牌但不立直的情况。——译者注

	10条要诀（what）	实践小贴士（how）

培养前所未有的优秀的自己
① 树立高远的志向；
② 通过试炼来蜕变；
③ 解除自身的束缚；
④ 在自问自答的同时要持续磨炼自己。

改变自我（以自我事业化为起点）
- 抽出时间让自己安静下来，实践领导自我方程式中的"自我事业化"篇，制订改变自我的计划。
- 反其道而行之，转变为积极的思维方式，拥有"毫无根据的自信"。
- 摆脱"窝里横"。
- 坚持，即使遭遇失败也要坚持下去。

培养伙伴
⑤ 全心全意地对待。
⑥ 点燃心中的火焰。
⑦ 教育＝实践。

×

改变组织（以创造"羁绊"为起点）
- 点燃可燃性人才心中的火焰，构建全员经营的根基。
- 分享志向，统一基本价值观，打破"同床异梦"和"一枕黄粱"。
- 借助经营、人事、教育的三位一体提拔年轻人，给予他们考验，使其蜕变。
- 营造允许失败者复活的挑战性环境。

打造最强的团队
⑧ 将自己的志向融入组织愿景中，比谁都想赢。
⑨ 人人都是主角，全员经营实践。
⑩ 通过"教与学"培养后继者。

图 4-13 "培养前所未有的优秀的自己、培养伙伴、打造最强的团队"的 10 条要诀和实践小贴士

　　"经营＝实践"这句话柳井正先生已经说了很多次，然而不经过实践的确没法出成果。只有改变自我，才能开启变革的开端。仅仅是自我觉醒、不去改变组织的话，也没法取得成果。所以，我认为各位读者如果都能实践改变自我、改变组织并取得成果，企业和整个国家一定会发生翻天覆地的变化。

第五章
职场人生的前景已一览无遗

在前言部分我曾经讲过，写作本书的另一个缘由是我很想为日本四五十岁的同龄人呐喊助威。在我的朋友中，55~60岁的人自然想柳暗花明又一村，却不知道该怎么做，也不清楚自己拥有怎样的价值，于是常常发牢骚抱怨，而这恰恰反映了许多企业员工心中的愤懑和困惑。

本章将为感到愤懑和困惑的40岁、50岁的员工提供一些线索，帮助他们在职场人生的后半场里借助领导自我，重新发现人生的目的和意义。我在57岁时鲁莽地开始创业，眼下正处于试错过程中。大话我就不说了，只希望本章内容能多多少少带给大家一些启发。

日本人年纪越大越感到不幸的理由

在前言部分中，我曾以"日本的悲惨现实"为主题，展示了欧美和日本幸福指数随年龄变化的对比数据（图5-1）。从中可以得出结论，与欧美企业员工的幸福感在35~40岁触底，之后不断攀升（U形）相比，日本企业员工的幸福感不断下滑，直到60岁后才稳定在低位（L形）。

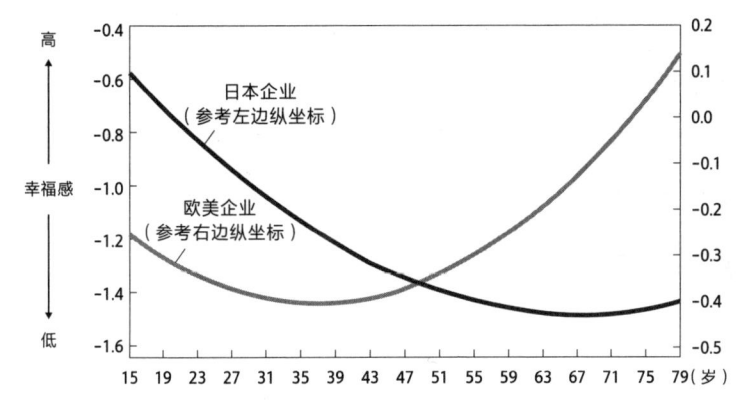

来源：2008年《国民生活白皮书》

图 5-1　悲惨的现实——欧美企业员工和日本员工在不同年龄段的幸福感对比（图 0-1 回顾）

为什么会形成 L 形曲线？

日本由于都市化、人口稀少化、小家庭化、少子化等现象的影响，社会性的孤独感在逐年加剧。同时，从公司退休后，人们更鲜有机会满足自己"得到大家的肯定"的需求，因此才形成了与欧美国家完全相反的 L 形曲线。如果未能明确自己"后职场人生"的目标和愿景就已经离职，并且此前一直让职场牵着鼻子走的人，悲惨的 L 形人生正等待着他们。

以利他之心为判断基准

宅家独居的老人、油尽灯枯的老人、大件垃圾……世间充斥着这样残酷、悲伤的词汇。该如何借助领导自我，使自己在人生后半场中依旧活跃呢？深入思考这一问题后，我认为很有必要在 40～50 岁的中年阶段让自己蜕变，即完成"中年蜕变"。思考"后职场人生"的目标该以什么为支柱，又该如何实现中年蜕变。

我认为应当以"利他之心"为支柱来考虑这些问题。稻盛和夫先生的经营哲学总结出的"领导者必备的七大资质"其中之一就是"以利他之心为判断基准"。

"在我们心中，有'只顾自己就好'的利己之心和'牺牲自己也要帮助别人'的利他之心两种动机。以利己之心为判断基准的话，则只会考虑自己的事情，因而得不到任何人的帮助。并且，以自我为中心的思维容易导致眼界狭窄、做出错误的判断。

"与之相对，以利他之心为判断基准，会带来'与人为善'的心境，周围人也愿意帮助你。另外，自身的眼界也会变得开阔，更容易做出正确的判断。

"为了更好地完成工作，做出判断时不能只顾自己，而应该考虑周围人的感受，站在满怀同情的'利他之心'层面判断问题。"

"利他之心"不仅是领导者必备的资质，对于思考"后职场人生"也非常重要。原因在于，帮助社会、他人所收获的充实感与你自己的幸福感紧密相关。哈佛大学针对"什么能给人带来幸福"这一课题已持续研究了75年，下面我将具体介绍这项很有意思的研究。

格兰特研究（The Grant Study）以哈佛大学在籍的268名男生为对象。他们毕业后的每年都会接受健康诊断和心理测试，来追踪调查战争、工作、婚姻、育儿、衰老对他们人生的影响，从而获得"什么能给人带来幸福"这一问题的答案。

自1938年开始，格兰特研究持续了75年，可谓世界上现存周期最长的研究之一。主持此项研究的人叫乔治·范伦特（George Vaillant），已经主持超过30年之久。他坚持认为老年时的幸福、健康和温暖的人际关系三者之间具有强相关性，因而可以明确的是，人际关系是人生幸福感最为重要的决定因素。金钱方面只需确保基本生活不受影响即可，更多的钱不一定能带来更多的幸福。与其指望金钱，不如依靠爱、关怀、感谢、希望、信赖、宽容等积极情感来为人带来幸福。

（资料来源：商业内参网站之《格兰特研究揭示了什么因素让我们更快乐》）

哈佛大学的格兰特研究得出的结论是：幸福感与从"人际关系"中筛选出来的"爱、关怀、感谢、希望、信赖、宽容等积极情感"密切相关。在利己之心的世界里，这样的等式无法生效，只有拥有利他之心才能收获幸福感。

【专栏】宇佐美家的社会服务活动

我的夫人是某家扶轮社的创始成员之一,最近热心于社会服务活动,尤其是为那些因遭受家庭暴力而被送入福利院的儿童提供支持和帮助。比如,夫人带着女儿一起制作了 80 个布丁送给福利院,还给福利院的孩子们朗读连环画中的内容,她一直亲力亲为地组织此类活动。妻子在参与此类活动时脸上的笑容超级灿烂(那是连我都难以见到的笑容)。

女儿一开始做布丁时嘴里嘟嘟囔囔。有一次,夫人带她一起到访福利院,看到孩子们的笑脸后女儿也异常开心,后来她开始三更半夜加班制作布丁了。

而我,如前文所述,凑巧正好接受任命,成为这家扶轮社的社会服务委员长。于是开始借助格莱珉日本的帮助,为解决日本贫困问题贡献力量。我举办了为当地社区提供持续支援的活动,这对都市大型俱乐部而言难度不小。我加入这家扶轮社已超过 10 年,但社会服务仍是我之前未曾涉足的领域。老实说,一开始我对很多情况并不了解。但每当我看到社会服务工作者和单身妈妈们的笑容时,都体会到了无法言喻的幸福感,从而渐渐进入快乐循环。我这样的人能获得如此宝贵的机会,得由衷感谢尾木彻会长。

你在为社区做贡献吗？

"后职场时期"能发挥且应该发挥利他之心的地方在哪里？答案是社区。社区的种类多种多样，有居住地所在的社区、体育兴趣社区、志愿者社区等，不一而足。请试着问自己下面两个问题：

- 有让我产生归属感的社区吗？
- 我想为这个社区做出怎样的贡献呢？

倘若对于第一个问题，你的回答是"没有"的话，那么你应该去寻找自己愿意归属的社区。倘若你有愿意归属的社区，但仍无法自信地回答出第二个问题，那么这意味着你很可能并不是真的对那个社区有归属感。

请大家以这两个问题为起点，开始思考自己人生后半场的目标。

40岁得考虑职场人生的前景

之前讲过，思考人生后半场的目标应该以利他之心、贡献社区为支柱，那么应该从何时开始思考呢？我认为从40岁开始比较合适。

40岁是个转折点

20岁时学习工作的基本知识，体会工作的乐趣与艰辛，通过领导自我逐渐成长；30 岁时作为有人可差遣的领导者，渐渐开始领导团队；40 岁时，开足马力成为组织的顶梁柱；45～55 岁时达到巅峰；55～60 多岁时开始淡出核心岗位。这是一般人的职场轨迹。从这样的轨迹来看，开始考虑"后职场时期"的事情时已经 50 多岁了，也到了人生的后半场。一大半的人都是到这个阶段才开始关注"后职场"，我认为为时已晚。

原因在于，到 50 多岁时，若你还没搞懂"后职场时期"应有的生活方式和时间管理方法，那么就会在毫无愿景和构想、未做充分准备的情况下贸然进入。所以，应该在 40 岁前后，以之前积累的经验和见识为基础，实现领导自我，从而看清职场人生的前景。同时，还要认真思考，为了在 40 岁、50 岁时实现自己的目标，自己应该如何生活，积累怎样的经验，获得哪些知识和技能。

【专栏】松下幸之助老先生在 38 岁时"知命"

在松下电器的研究中心举办领导自我训练营之际，我有幸参观了松下博物馆。博物馆的构思十分巧妙，伴随着 30 个词语，用"道"的概念追溯了松下幸之助老先生的一生。

我印象最深的部分是 1932 年，幸之助老先生 38 岁时"知命",悟出了自来水哲学(图 5-2)。

摄影：宇佐美润祐（于松下博物馆）

图 5-2 知命

这再次印证了我的观点：在 40 岁前后进行领导自我很重要。

松下电器官方网站主页上的《松下幸之助物语》这样描述当时的情形：

结束对宗教团体的参观访问后，幸之助一个人在电车上摇晃着，陷入了沉思。宗教使人感到幸福的原因在于它给人们带来了精神上的安定。这是一项具有崇高使命的神圣事业，参与其中的人充满喜悦和活力，认真奉献，这是多么出色的经营啊！不知不觉，幸之助将刚才亲眼所见的情景与自己的事业和经营结合到一起思考。

什么是真正的经营？说到底，自己事业的使命又是什么？

回到家，幸之助的脑海里不知不觉浮现出一则谚语——"百病贫居首"——对人的幸福而言，精神安定和物质富足就像一辆车的轮子。因此，自己从事的创造财富、消除贫困的工作可谓生命中至高无上的神圣事业。

打破束缚自己的狭义商道经营之壳——这是我们应该觉察到的使命，不知不觉之间夜阑如水。在这漆黑的夜里，头一次觉察到自我事业真正的使命的幸之助，独自感动到身体颤抖。

既然知晓了真正的使命，那就必须一刻不停地投身到以使命为根基的经营中去。为此，幸之助希望松下电器的全体店员都能从心底觉察到真正的使命所在，于是在1932年5月5日这天，幸之助将大阪中央电气俱乐部的所有（168名）店员召集到一起，对他们讲述了自己在参观宗教团体的过程中，因其兴盛而产生的感慨、对宗教使命之神圣的透彻感悟，以及回过头对做实业的人的使命的深入思考。接下来，他提出要为客户提供像自来水管中的水一样取之不尽、用之不竭的产品。在讲述为达成使命而构思的跨越250年的宏大事业计划时，他心里也收获了无尽的喜悦，想必这是终于确定事业终极目标的喜悦。

（来源：松下电器官方网站主页，《松下幸之助物语》"3-3 知命""3-4 真正的创业"）

这就是松下幸之助的"知命"（领导自我）——形成自来水哲

> 学这样的崇高志向、在产生共鸣的员工的帮助下开始领导团队的瞬间。
>
> 松下博物馆是对公众开放的，公众可以将写有概括松下幸之助老先生一生的 30 个词语的精美卡片带回家。只在书里读到可能还是一知半解，松下博物馆是一个亲身感受幸之助老先生思想的绝佳场所。如果可以，请您务必来此参观访问一次，追溯幸之助老先生领导自我的人生道路，并在心里与他对话。

人到 40 岁应有自己的志向

"领导自我说起来容易，现实中真的能做到吗？"我已经听到各位读者在心中这样发问了。

当然没有那么简单的事情。但是当你看清职场人生的前景后，就可以在 40 岁前后好好实践领导自我方程式的"自我事业化"篇（图 5-3）。实践之后，你会发现，其实领导自我没那么难。以往大家总是开足马力认真工作，鲜有机会深度直面自己的内心，所以要抽出时间让自己安静下来，从内心深处挖掘出自己的志向，并用语言表达出来。领导自我，就从这里开始。

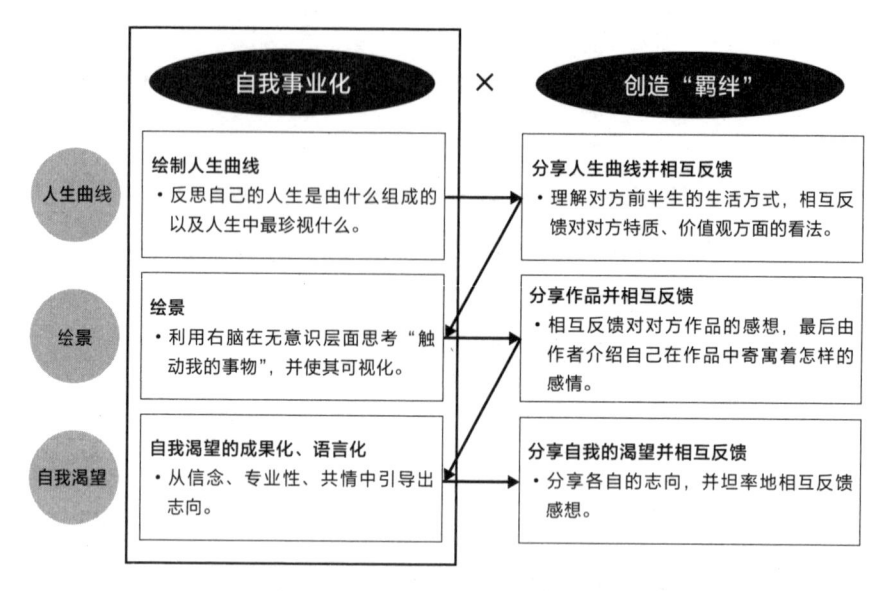

	自我事业化	×	创造"羁绊"
人生曲线	绘制人生曲线 • 反思自己的人生是由什么组成的以及人生中最珍视什么。	→	分享人生曲线并相互反馈 • 理解对方前半生的生活方式，相互反馈对对方特质、价值观方面的看法。
绘景	绘景 • 利用右脑在无意识层面思考"触动我的事物"，并使其可视化。	→	分享作品并相互反馈 • 相互反馈对对方作品的感想，最后由作者介绍自己在作品中寄寓着怎样的感情。
自我渴望	自我渴望的成果化、语言化 • 从信念、专业性、共情中引导出志向。	→	分享自我的渴望并相互反馈 • 分享各自的志向，并坦率地相互反馈感想。

图 5-3 领导自我方程式"自我事业化"篇（图 4-2 回顾）

归结于改变自我的计划

不过，仅仅靠上面的手段无法付诸实际行动。将看清职场人生前景后树立的志向写下来，然后把"为实现志向我必须做出什么改变""如何能让自己按预想改变"等问题落实到改变自我的计划（图 5-4）中去。接下来要做的就是在认真实践的同时，通过不断试错来自我更新。

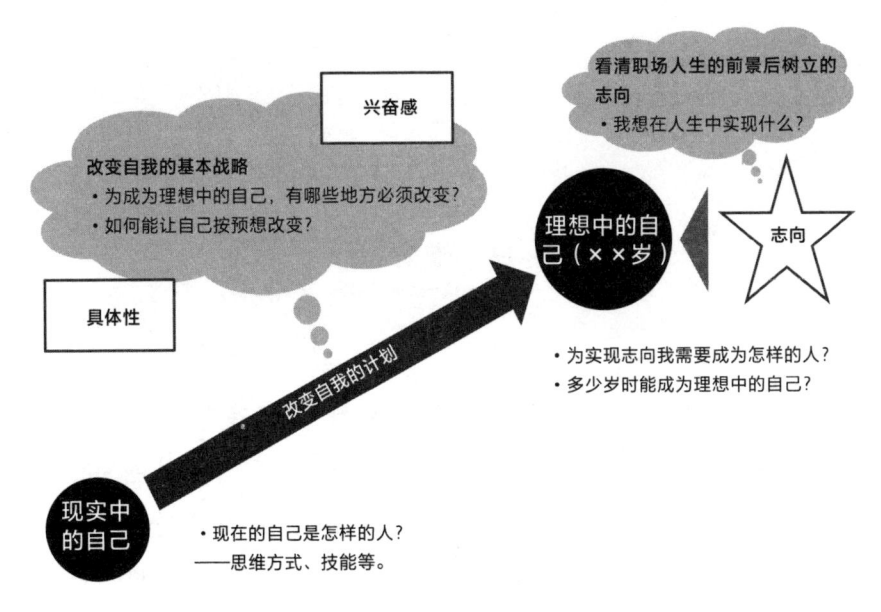

```
                                      看清职场人生的前景后树立的
                                      志向
                                      ·我想在人生中实现什么?

         兴奋感

  改变自我的基本战略
  ·为成为理想中的自己,有哪些地方必须改变?
  ·如何能让自己按预想改变?
                                 理想中的自
                                 己(××岁)        志向

   具体性

                改变自我的计划
                                ·为实现志向我需要成为怎样的人?
                                ·多少岁时能成为理想中的自己?

  现实中
  的自己    ·现在的自己是怎样的人?
           ——思维方式、技能等。
```

图 5-4　看清职场人生的前景后的改变自我的计划

如前文所述,碰巧我在 40 岁时被野田智义先生当头棒喝而觉醒。现在回头看看,那时能与野田智义先生巧遇真是太走运了,我得感谢机缘。否则,我可能还像"断线的风筝"一样说着"享受眼前的不确定",活在当下而已。等到退休的那一刻,可能才慌慌张张地开始思考自己该干些什么事情好。

幸亏我在 40 岁时进行了领导自我,并且在 40～50 多岁的 10 多年时间里以自己的志向为主轴来做事,这才有机会在 57 岁时厘清思路,创立名为"释放潜能"的公司。眼下我其实并不清楚自己进展到何种地步,但对于"踏上以领导自我为支柱的人才组织变革之路"这件事,我可没有一丝一毫的后悔。

【专栏】未来日记

东京南扶轮社里有一位我很尊敬的先辈,就是浅见隆先生。浅见隆先生在长濑产业株式会社和柯达公司总部都做过市场方面的工作,之后加入了斯伯丁日本(Spalding Japan)。后来因其出色的业绩,被任命为董事长。先后担任强生的董事、露华浓日本(Revlon Japan)的董事长。他在露华浓日本时扭转了公司持续30年的赤字状态,仅用两年时间就实现了V字形反弹,使公司成功转换为黑字体制,可谓一位拥有出色业绩的优秀经营者。他还在2012年出版过一本名为《顶级外资公司"激发人"的10条铁律》的书。

我最为尊敬浅见隆先生的一点,是他退任露华浓日本董事长一职并独立创业。现在已70岁高龄的他仍然充满活力、快乐地工作和生活着,委实让我羡慕不已。他是我的榜样,我也想在70岁时活得像他一样。当我向他讨教秘诀时,听到了一件趣事。原来浅见隆先生从35岁开始写"未来日记",在里面为自己40岁之后该如何生活给出了具体的方向。

"未来日记"的最终目标,是成为国际乡村俱乐部这样一家虚构的世界第一高尔夫球场的老板。为此当时在柯达的他要积累怎样的经验,下一步准备在什么职位上从事哪方面的事情等,种种构想都在这本日记里有所描述，而且据说相当多的构想后来都得以实现。要我来解释的话，国际乡村俱乐部老板只是一个象征，象征着浅见隆先生想要借助国际经验为人们提供帮助的志向。我想他的故事恰好是一个在 40 岁前后领导自我，以此为契机度过 40 岁后的美好时光的范本，所以我就把它作为专栏呈现给大家。以成为国际乡村俱乐部老板为目标的浅见隆先生越来越充满活力，他的人生之路也走得充实且快乐。

看清自己的职场人生前景并制订改变自我的计划之后，可在同伴之间相互分享，建议说得夸张一些。不一定非要和公司的同伴分享，和家人或者一些社区同伴分享也没有问题。通过分享并相互反馈，能够创造"羁绊"，一同进入快乐循环（图 5-5）。

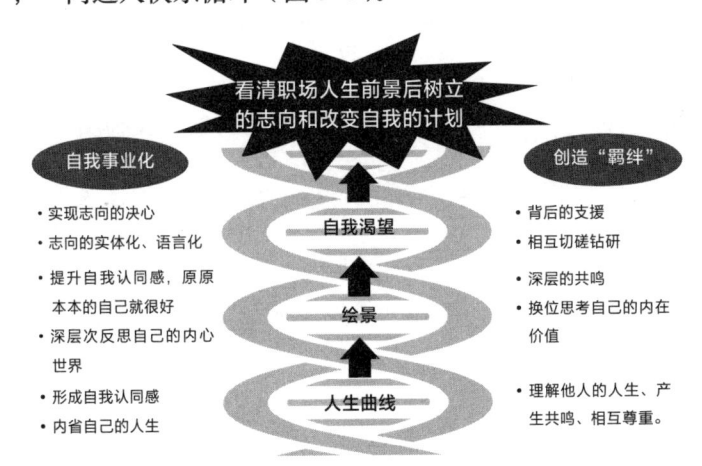

图 5-5　看清职场人生的前景后，通过双螺旋结构定立志向，并落实到改变自我的计划中去

领导自我任何时候都不算晚

可能有人会有这样的疑问:"对已经40岁、50多岁的人来说是不是已经晚了?"其实前文所述的在40岁前后领导自我只不过是理想状态而已,领导自我任何时候都不算晚。40岁前后是平衡以往的经验和之后人生中可用于实现志向的时间两大因素后得出的最佳时间点。若这个时间点往后推移,则意味着看清职场人生后准备和实践的时间缩短了,但拥有志向和领导自我本身的意义没有任何改变。而你去调查则会发现,大器晚成的人真的很多。

企业经营者

• 芳珂的池森贤二:辞职下海,和同伴一起创业,然后破产,负债2400万日元。几经苦难,43岁时创立芳珂。

• 麦当劳的创始人雷·克拉克:50多岁时创业。

• 戴森的创始人詹姆斯·戴森:40岁之前只是街上的一个怪人。

文化界人士

• 松本清张:28岁之前,作为印刷工人支撑着整个家族,生活贫苦。后来进入朝日新闻工作,41岁时因《西乡钞》获得直木奖提名而崭露头角。

• 海因里希·施里曼:48岁时开始发掘特洛伊山丘,51岁时找到特洛伊遗址。

• 摩西奶奶:真正执笔开始作画时已是70多岁。1940年,她在80岁时举办了个人画展,一跃成为知名画家。她在89岁时被当时的美国总统杜鲁门邀请到白宫做客。

・和田京子：本来只是毫无就业经验的专职主妇，79岁时从零开始学习并考取建筑师资格，80岁创业。目前她的公司年销售额达到5亿日元。

【专栏】稻田里竖起了太阳能发电装置

顺便给大家讲讲我父亲的故事。

我父亲在神户的一家服装企业从工薪阶层做到董事，最后成为公司的二把手，之后结束了自己的职场人生。退休后为了回馈当地社区，他在老家姬路市的一家合作社担任负责人。他活用了之前担任经营者的经验，对合作社进行了大刀阔斧的改革。改革措施之一就是在稻田里设置了太阳能发电装置，并把出售电能作为合作社的新业务。虽然销售额并不高，但是合作社有了稳定的收入来源。这件事在当地报纸上也有报道（图5-6）。

来源：《商业经济建议》，2013年8月15日，第5287号

图 5-6　稻田里竖起了太阳能发电装置

　　本章为那些在职场人生中产生困惑和愤懑的 40 岁、50 多岁的人提供了一些线索，来帮助他们在职场人生的后半场里通过践行领导自我，重新发现自己人生的目的和意义。最后，我想用涩泽荣一老先生的话为大家呐喊助威：

　　　　40、50 乳臭未干，

　　　　60、70 年富力强，

　　　　到了 90 若大限将至，

　　　　就令其等到 100 岁再来拜访。

结语

感谢各位读者读到了最后。

写这本书的时候,我尝试着避免把它写成一本读起来催眠效果较强的生硬、无聊的商务书籍。我想把它写成一本在内容编排合理的前提下,读起来开心、有趣,有时甚至能让人扑哧一声笑出来的书籍(虽然我不太确定效果怎么样)。以前我曾在一篇权威论文里尝试这样的文风,结果是自寻死路,不得不大幅修改或重写。所以,我从心底感谢这次东洋经济新报社和负责审稿的黑坂浩一先生,对我的想法的包容及提出的恰当建议。

前言部分曾提到过浅田次郎先生是为了写《苍穹之昴》才成为小说家的,我也吹嘘自己是为了写这本书才创业的。实际情况是,在写本书的过程中我才察觉到,写书本身就是让自己更加深刻地反思领导自我的过程。受到野田智义先生当头棒喝、被柳井正先生严厉训斥的同时,我知晓了经营和培养人才的本质,也从许多优秀的伙伴身上得到勇气,还与客户们一同成长、一同感动。另外,家人对我的支持(尤其是在改名、留学等事情上为我带来人生转机的养母)也让我重新认识了自己存在的意义。我对大家唯有感谢在心。

本书中已多次提到"经营＝实践＝取得成果",但只靠嘴上说说、自我吹嘘是取得不了任何成果的。我衷心希望各位读者中哪怕有一个人能受到领导自我的思维方式的启发,去实践"培养前所未有的优秀的自己、培养伙伴、打造最强的团队"。我相信每个人自身变革的积累会成为让企业闪耀全球的原动力。这么一来,我就能成为名副其实"能带来好运的咨询顾问"了。

宇佐美润祐　于新德里